高速公路管理发展研究

尹 蕾 著

东北林业大学出版社
Northeast Forestry University Press
·哈尔滨·

图书在版编目（CIP）数据

高速公路管理发展研究 / 尹蕾著 . — 哈尔滨 : 东北林业大学出版社，2024.4

ISBN 978-7-5674-3535-3

Ⅰ . ①高… Ⅱ . ①尹… Ⅲ . ①高速公路—交通运输管理—研究

Ⅳ . ① U491

中国国家版本馆 CIP 数据核字 (2024) 第 082224 号

责任编辑：马会杰
封面设计：乔鑫鑫
出版发行：东北林业大学出版社
　　　　　　（哈尔滨市香坊区哈平六道街 6 号　邮编：150040）
印　　装：三河市华东印刷有限公司
开　　本：787 mm × 1092 mm　　1/16
印　　张：9.75
字　　数：165 千字
版　　次：2024 年 4 月第 1 版
印　　次：2024 年 4 月第 1 次印刷
书　　号：ISBN 978-7-5674-3535-3
定　　价：78.00 元

前　言

　　高速公路是一种现代化的公路交通设施，是专供汽车行驶的公路，它为汽车的快速、安全、舒适、连续行驶提供了基本条件。高速公路年平均日设计交通量宜在 15 000 辆小客车以上，设计速度 80 ～ 120 km/h。高速公路具有畅通性高、通行能力强、交通工具专属、可靠舒适、绿色环保等特点。作为国家重要的交通基础设施，高速公路不仅具备运送客流、物流的功能，更重要的是随着社会对高速公路运营管理的逐步重视，高速公路的非交通运输价值逐渐凸显，对沿线途经区域经济的发展、产业的拉动、旅游的促进等具有十分重要的作用。高速公路伴随经济社会的发展应运而生，它的建设具有十分重要的政治、经济意义，反映了一个国家和地区的交通发达程度乃至经济发展的整体水平。

　　本书共分五章，第一章为高速公路建设管理，主要包括高速公路建设程序、高速公路建设期管理的任务、高速公路建设项目质量评定、高速公路项目交竣工及高速公路项目后评价五个方面；第二章为高速公路收费管理，主要包括收费管理概述、高速公路收费的制式和种类、高速公路收费站管理、高速公路联网收费管理、高速公路电子收费系统及其技术等五个方面；第三章为高速公路路基路面养护与管理，主要包括高速公路路基技术状况评定与养护、高速公路路面技术状况评定、高速公路路面养护一般对策，以及高速公路路面病害及防治四个方面；第四章为高速公路沿线设施的养护，主要包括高速公路交通安全设施养护、高速公路机电设施维护管理及高速公路的绿化养护三个方面；第五章为高速公路管理模式的发展——"一路三方"协作体系，主要包括高速公路"一路三方"协调机制建设、高速公路"一路三方"应急响应与处置及高速公路"一路三方"协调管理措施保障三个方面。本书内容深入浅出，条理清晰，科学实用，对高速公路管理发展进行了深入研究。期望本书能对高速公路的发展带来积极的推动作用。

限于时间和编者水平，书中不足之处在所难免，敬请广大读者及同行批评指正。

作者

2023 年 11 月

目　　录

第一章　高速公路建设管理

高速公路工程是一项庞大、复杂、周期长、投资巨大的项目工程，高速公路建设管理是工程施工质量、有效控制建设成本的重要保证，同时建设管理规范化、科学化、专业化是高速公路高效运行的重要保证。

第一节　高速公路建设程序

一、国内高速公路项目基本建设程序

高速公路建设管理是以高速公路工程项目为对象，对其建设过程中的所有活动进行决策、计划、组织、协调和控制的过程。高速公路建设程序是在认识高速公路建设客观规律基础上总结提出的，在高速公路建设全过程中各项工作都必须遵守的先后次序。它也是高速公路建设各个环节相互衔接的顺序。国内高速公路项目建设程序可分为六大阶段，即项目建议书阶段、可行性研究阶段、设计工作阶段、建设准备阶段、建设实施阶段、竣工验收阶段，具体又可细分为十个阶段，如表1-1所示。每个阶段都有其各自明确而详细具体的工作内容。承担这些工作的主体，相应管理工作的内容、手段，高速公路管理发展研究方式都不大相同，但根本的目标都是为了快速、优质、低成本地建成高速公路，为经济与社会发展提供充分的基础保障条件。在这种目标下，每个阶段不同管理主体仍有各自的具体管理工作目标。

县级以上地方人民政府交通主管部门根据国家有关规定，按照职责权限组织公路建设项目的预可行性研究和工程可行性研究工作。高速公路建设项目的预可

行性研究报告、工程可行性研究报告和初步设计文件应按照国家颁发的编制办法编制，并符合国家规定的工作质量和深度要求。

表 1-1　国内高速公路项目基本建设程序阶段细分表

建设程序六大阶段	建设程序细分
项目建议书阶段	根据规划，进行预可行性研究，编制项目建议书
可行性研究阶段	根据批准的项目建议书进行工程可行性研究，编制可行性研究报告
设计工作阶段	根据批准的可行性研究报告，编制初步设计文件
	根据批准的初步设计文件，编制施工图设计文件
	根据批准的施工图设计文件，编制项目招标文件
建设准备阶段	根据批准的项目招标文件、资格预审结果和高速公路建设计划，组织项目招标投标
	根据国家有关规定，进行征地拆迁等施工准备工作，编制项目开工报告
建设实施阶段	根据批准的项目开工报告，组织项目实施
竣工验收阶段	项目完工后，编制竣工图表和工程决算，办理项目验收
	竣工验收合格后，组织项目后评价

高速公路建设项目应当按照国家有关规定实行项目法人责任制度、招标投标制度、工程监理制度和合同管理制度。高速公路建设项目法人应当依法选择勘察设计、施工、咨询监理单位，采购与工程建设有关的重要设备、材料，编制项目开工报告，组织项目实施，准备项目竣工验收和项目后评价。高速公路建设必须符合《公路工程技术标准》。施工单位必须按批准的设计文件施工。任何单位和人员不得擅自修改工艺设计。重大设计变更和概算调整应当报原初步设计审批单位批准，未经批准不得变更。高速公路建设项目实施过程中，监理单位应当依照法律法规及有关技术标准、设计文件、合同文件和监理规范的要求，采用旁站、巡视和平行检验的形式对工程实施监理，对不符合工程质量要求的工程有权责令

施工单位返工。未经监理工程师签字确认，施工单位不得将建筑材料、构件和设备用于工程中，不得进行下一道工序施工。

高速公路建设项目验收分为交工验收和竣工验收两个阶段：交工验收合格的，经项目所在地省级交通主管部门批准可以试运营；未进行交工验收或交工验收不合格的，不得试运营。试运营期最多不超过两年，试运营期结束前必须组织竣工验收，经竣工验收合格的项目可正式运营使用。高速公路建设项目验收工作必须符合《公路工程竣（交）工验收办法》。在试运营期限内未组织竣工验收或竣工验收不合格的，必须停止使用。

二、国际高速公路项目建设程序 —— 以世界银行贷款项目为例

世界银行是联合国属下的一个专门机构，是负责长期贷款的国际金融机构。世界银行的主要业务活动是对发展中成员国提供长期贷款，对成员国政府或经政府担保的私人企业提供贷款和技术援助，资助其兴建某些建设周期长、利润率偏低，但又是该国经济和社会发展所必需的建设项目。世界银行贷款项目周期分为六个阶段：项目选定（或称鉴别）、项目准备、项目评估（项目预评估、正式评估）、项目贷款谈判及签约、项目实施、项目后评价（总结评价）。

（一）项目选定

由世界银行与借款国共同选择符合银行贷款目标和借款国利益的项目，是项目周期的第一阶段，项目选定至关重要。在这个阶段一般由我国确定选定那些需要优先考虑并符合世界银行投资原则的项目。这些项目必须有助于实现国家和地区的发展计划，而且按世界银行标准被认为是可行的。从我国来讲，选定的项目必须具备以下条件：

①已列入行业规划或五年计划；

②配套资金基本落实；

③具有还贷能力；

④有较好的社会、经济、财务效益。

项目选定后，才可列入世界贷款计划。

世界银行一般要对借款国的经济结构和发展前景进行调查，并派项目鉴别团到当地与相关政府部门、项目办公室以及各设计部门一起了解项目的基本情况，确保项目能符合世界银行方面的要求。

项目选定后,借款国即可编制项目选定简报。项目选定简报中应明确规定项目的目标,列出项目的概要,说明完成项目的关键性问题并安排好项目的执行时间表。项目选定简报送交世界银行,经世界银行研究同意后,即将其列入贷款计划,成为拟议中的贷款项目。

(二)项目准备

在世界银行与借款国进行项目鉴定,并共同选定贷款项目之后,项目进入准备阶段。项目准备工作,首先是对选定项目进行可行性研究,编制可行性研究报告。有时世界银行也提供部门资金,如技术合作信贷,或某些国家为世界银行提供的特别基金,或申请国寻求国际赠款用以聘请国外咨询专家协助完成这一工作,以确保可行性研究的质量。国内工程可行性研究报告被批准后,世界银行通常派一个项目预评估团来华,在可行性研究报告的基础上,对项目的经济和财务效益进行论证。

高速公路项目交通量预测及经济分析和评价是项目评估阶段的主要内容。世界银行在高速公路项目评估阶段还要对高速公路与城市出入口连接线问题进行评估论证;对互通式立体交叉的数量、位置做论证。

世界银行对经济评价的标准如下:

①经济分析要求内部收益率在12%以上(如太高,不可信;低于8%则不可接受)。内部收益率分为考虑收费(按效益的1/3计算收费标准)和不考虑收费两种。

②要求工程设计按项目单位双方同意的和其他方面同意的设计标准。

③判断道路类别(有拆迁或无拆迁)。

④环境影响评价可接受。世界银行特别重视项目的环保问题,对环境影响要进行大量的调查和论证,特别是文物保护更加突出。因此,项目单位还要按世界银行的要求准备有关环境影响评价报告及环保实施和监督行动计划。

⑤征地拆迁及安置。世界银行在准备项目时要对征用土地、拆迁工厂、农舍、安置人员做详细调查,并要求项目单位提供详细资料,包括具体的土地种类、拆迁面树木数量、线杆、人员等,细到乡镇和具体人,并要说明其补偿标准及实施

计划。在安置过程中世界银行还要进行追踪监督和民意调查。

世界银行对项目的分析主要包括技术可行性、经济可行性及社会可行性三个方面。完成上述分析后，即由项目小组编制一份详细的项目报告，对项目做出全面的成本－效益估价。

项目准备阶段的重点是可行性研究，其深度至少相当于扩大的初步设计。在项目准备阶段，项目机构应向世界银行代表团提供的报告和资料如下：工程可行性研究报告、连接线公路项目报告（如有）、连接线项目可研报告（如有）、交通工程概况、实施工期报告、高速公路和其他道路工程监理报告、人员培训计划、设备采购报告、初步设计、项目成本估算、招标总采购通告、世界银行要求的其他资料。

（三）项目评估

由世界银行对项目技术、经济、财务、机构、社会和环境等方面进行评估。项目评估阶段根据项目准备情况的不同，可分为预评估和正式评估。

完成项目准备工作后，即进入项目评估阶段。项目评估一般是在国内初步设计批准后进行。在这一阶段，世界银行派出评估团来华进行实地考察，全面、系统地检查项目的各个方面，与中方专家就项目的财务状况、工程技术、设计文件、组织管理、招标采购等一系列问题进行讨论和评估，同时还要决定项目的人员培训，设备采购的数量清单、方式、研究课题等具体安排。

项目评估是项目周期中一个重要阶段，因为在此阶段世界银行要对项目的各个方面进行全面审查，为项目的成立、执行和后评价奠定基础。世界银行评估团的实地考察一般需要 2～3 周时间，如认为该项目符合世界银行的贷款标准，就提出项目评估报告。项目评估报告是世界银行内部的重要文件，需得到世界银行执行董事会的认可，在项目执行过程中，它是重要的依据之一。在这一阶段，一般还要利用世界银行技术合作信贷或赠款聘请国外咨询专家对设计文件和招标文件进行咨询和审查，只有通过设计审查，解决设计文件和招标文件的主要问题后，项目才能最终完成评估工作。

贷款项目经正式评估，并与世界银行取得基本一致意见后，项目单位应按计划管理体制或项目管理隶属关系向国家发展和改革委员会上报利用外资方案。批复后的利用外资方案作为贷款谈判和项目执行的重要依据。

在项目评估阶段，项目机构应向世界银行代表团提供的报告和资料如下：工程可行性研究报告（必要时请国内外咨询公司协助）、环境保护评价报告和执行概要小结（含连接公路）、征迁实施计划报告（含连接公路）、环保实施和监督行动计划、施工图设计、土建工程采购资料、聘请国外监理资料、世界银行要求的资料、人员综合培训计划、设备采购资料、公共机构加强建议书、研究项目建议书、公路管理组织机构/养护管理情况资料、项目成本与资金筹措资料等。

（四）项目贷款谈判及签约

谈判是世界银行和借款人为保证项目的成功、力求就所采取的必要措施达成协议的阶段。然后，这些协议变成法律义务，列入贷款文件。

贷款项目完成正式评估后，世界银行项目代表团编制的职员评估报告经执董会批准形成正式世界银行职员评估报告。世界银行随后将安排一周左右的时间，邀请借款人代表及项目执行机构（6人左右）的代表团到世界银行总部进行贷款谈判。贷款谈判的主要内容包括三个方面：中华人民共和国和世界银行之间的"贷款协定""项目协议"以及围绕上述两个法律文件有关技术方面的问题。贷款谈判程序如下：

①首先对世界银行提出的"贷款协定""项目协议"进行审议、修改和通过；

②由借款人财政部与世界银行项目经理共同签署"贷款谈判纪要"。

项目贷款谈判完成后，"贷款协定"和"项目协议"两个法律文件最终要经世界银行执董会批准，并由借款人授权代表与世界银行副行长共同签署两个法律文件。

我国一般由财政部和项目所在省授权驻美大使在"贷款协定"和"项目协议"两个法律文件上签署，但需要项目所在省副省长和省级司法部门签署授权书。

（五）项目实施

项目实施又称项目执行，是按照贷款协议的规定，对项目进行招标、采购、实施。在这一阶段，项目单位负责项目的执行，世界银行负责项目的监督。项目单位除了组织力量，配备技术、经济、管理等方面的专家，按贷款、项目协议规定执行外，还需制订项目执行计划和时间进度表，主要包括以下几个方面：

①制订土建工程实施计划；

②确定施工监理队伍；

③货物采购；

④机电工程采购；

⑤人员培训及开展有关贷款、项目协议规定的工作。

在做好项目执行计划的各种准备工作后，项目单位即可组织国际招标。项目开始采购的前提是世界银行要在联合国发展论坛或其他主要报纸刊登广告，然后根据项目的不同内容在英文版的《中国日报》《人民日报》等报纸上刊登邀请参加资格预审或参加投标的广告，并发函通知有关国家驻华使馆商务机构。土建工程招标和货物及机电工程采购招标均按世界银行规定的现行采购指南进行。

组织项目的工程监理队伍对项目实施监理，如需聘用外籍专家，必须按照世界银行使用咨询专家指南的要求。监理人员培训需在开工前进行，以便及时到位。

在完成国内开工报告的审批后，贷款项目可正式开工。世界银行每半年或每一年到项目现场进行一次实地跟踪检查。检查的重点是采购程序、工程质量、工程进度、财务支付等各个方面。

按世界银行规定，项目单位需定期报送进度报告，报告主要包括以下几个方面：

①从设计到基础设施建设、投产各个阶段的进度；

②项目的成本、开支以及世界银行贷款的支付；

③按贷款协议，借款方承诺保证的执行情况；

④项目预期收益情况。

进度报告要提交世界银行专职机构审查，如发现问题，世界银行将书面通知借款人或派工作组来华实地调查和解决。按规定，每年还将由专门的审计部门向世界银行提供年度审计报告。在项目完成后，借款方一般应不晚于六个月向世界银行提供项目竣工总结报告。项目的执行主要是以中方为主，但有些文件需要世界银行确认；施工过程中，世界银行派人员到现场检查。

（六）项目后评价

项目后评价是项目完成一年左右，对建设项目的立项决策、方案设计、运营管理全过程各阶段工作及其变化的成因，进行全面的跟踪、调查、分析和评价。通过对完工项目执行情况进行回顾，总结项目前几个周期中得出的经验和教训，评价项目预期收益的实现程度。由世界银行项目经理编写《项目完成报告》，送交世界银行业务评审局对项目的成果进行一次比较全面的总结评价。必要时，该局还将派人员进行实地调查，然后提出自己的《审核报告》，直接送世界银行执行董事会。世界银行还要征求我国对该局写的《审核报告》的意见。目前，我国已建立项目后评价制度，一般能满足世界银行的要求。

世界银行贷款资金的注入，有效地弥补了我国经济建设的资金缺口；与世界银行的合作，为我国的经济建设培养了大批人才；世界银行贷款项目的执行，改善和提高了我国项目的管理水平；世界银行贷款项目的运行，也带动了我国相关产业的发展。

第二节　高速公路建设期管理的任务

高速公路建设期管理的内容主要包括设计管理、工程招投标管理、施工控制及管理、工程交竣工管理与缺陷责任期的管理。公路建设项目管理的任务包括质量控制、工程进度控制、工程费用控制、合同管理等。

一、质量控制

质量控制工作贯穿于公路工程项目实施的设计、招投标及施工阶段全过程中，在整个过程中，每个阶段的主要工作是不同的。

二、工程进度控制

工程进度控制的内容包括收集信息、计算进度、进度报告、分析进展状态和偏差及变更进度计划。工程进度控制的方法有横道图法、线形图法、进度曲线法、里程碑事件法和网络计划法。工程进度计划实施的影响因素包括人（项目成员未能认识到计划的重要性）、资源（项目中使用的资源不能满足要求）、环境（受不利环境因素的影响）。

三、工程费用控制

（一）工程费用的组成

1. 直接费用

直接费用是指消耗在工程中的材料费、机械使用费、人工费及其他费。

2. 间接费用

间接费用由施工管理费和其他间接成本组成。

3. 利润

利润是指施工企业完成所承包工程应获得的盈利。

4. 税金

税金是指国家规定应计入建筑安装工程造价内的营业税、城市建设税和附加教育税。

（二）工程量清单

工程量清单是工程招标及实施工程计量与支付的重要依据，在工程实施期间，对工程经费起着控制作用。

（三）计量与支付

计量与支付程序一般是发出计量通知或提出计量申请、审查有关计量的文件资料、填写中间计量表。

（四）计量方法

均摊法：根据合同工期每月平均或分期进行计量。

凭据法：根据承包人提供的票据进行计量。

估计法：根据购置的仪器设备进行计量。

断面法：根据取土坑和路堤土方进行计量。

图纸法：根据图纸进行计量。

钻孔取样法：根据道路面层结构进行计量。

分项计量法：根据工序或部位将项目分为若干子项，对完成的子项进行计量支付。

（五）工程支付

工程支付一般以工程计量、技术规范、报价单为依据。

（六）支付程序

（1）初期支付。

（2）中期支付：承包人提出支付申请，监理工程师审核与签认，业主付款。

（3）最终支付：承包人提出最终支付申请，监理工程师审定支付申请，业主付款。

（七）支付项目

1. 清单支付项目

清单支付项目包含以物理单位计量的支付、以自然单位计量的支付、计日工的支付及暂定金额支付。

2. 合同支付项目

合同支付项目包含动员预付款，材料、设备预付款，保留金，索赔费用，拖期违约损失赔偿金和提前竣工奖金，迟付款的利息等。

四、合同管理

合同管理主要涉及四方面的内容：合同内容变更的情况、合同转让的一般法律规定、合同终止以及承担违约责任的方式，相关情况如表 1-2 所示。

表 1-2　合同管理的相关内容

合同管理内容	内容相关说明
合同内容变更的情况	由于不可抗力事件出现造成合同部分不能履行
	由于需求的变化，双方当事人就改变商品品种、规格、数量、包装等达成协议
	合同中约定的变更条件出现
	合同当事人一方已不再可能履行合同义务
合同转让的一般法律规定	合同转让建立在对方当事人同意的基础之上，未经对方当事人同意的转让行为是无效行为
	法律、行政法规规定转让权利或者转让义务应当办理批准、登记手续的，只有在办理批准、登记手续后，其合同转让才能生效

续表

合同管理内容	内容相关说明
合同转让的一般法律规定	合同权利转让后，受让人依法取得与债权有关的从权利（如索赔请求权）
	合同权利转让后，债务人对让与人的抗辩可以向受让人主张；合同义务转让后，新债务人可以主张原债务人对债权人的抗辩
合同终止	因不可抗力致使不能实现合同目的
	在履行期限届满之前，当事人一方明确表示或以自己的行为表明不履行主要债务
	当事人一方延迟履行主要债务，经催告后在合理的期限内仍不履行
	当事人一方延迟履行债务或有其他违法行为，致使不能实现合同目的
	法律规定的其他情形
承担违约责任的方式	继续履行、采取补救措施、赔偿损失、支付违约金、定金罚则

第三节 高速公路建设项目质量评定

一、评定单元划分

根据建设任务、施工管理和质量检验评定的需要，在施工准备阶段将公路建设项目划分为单位工程、分部工程和分项工程。施工单位、工程监理单位和建设单位应按相同的工程项目划分进行工程质量的监控和管理。公路工程单元划分是工程质量管理、工程数量管理、进度管理、合同管理的基础，也是保证竣工文件具有层次性、规范性、系统性的主要依据。

单位工程是在建设项目中，根据签订的合同，具有独立施工条件的工程。分部工程是在单位工程中，按结构部位、路段长度及施工特点或施工任务划分的工程。分项工程是在分部工程中，按不同的施工方法、材料、工序及路段长度等划分的工程。

工程质量检验评分以分项工程为单元，采用百分制进行。在分项工程评分的基础上，逐级计算各相应分部工程、单位工程、合同段和建设项目评分值。工程质量评定等级分为合格与不合格，按分项工程、分部工程、单位工程、合同段和建设项目逐级评定。

施工单位应对各分项工程按照《公路工程质量检验评定标准》所列基本要求、实测项目和外观鉴定进行自检，按分项工程质量检验评定表及相关施工技术规范提交真实、完整的自检资料，对工程质量进行自我评定。工程监理单位应按规定要求对工程质量进行独立抽检，对施工单位检评资料进行签认，对工程质量进行评定。建设单位根据对工程质量的检查及平时掌握的情况，对工程监理单位所做的工程质量评分及等级进行审定。质量监督部门、质量检测机构可依据该标准对公路工程质量进行检测评定。

二、工程质量评分

（一）分项工程质量评分

根据《公路工程质量检验评定标准》的规定，分项工程质量检验内容包括基本要求、实测项目、外观鉴定和质量保证资料四个部分。只有所使用的原材料、半成品、成品及施工工艺符合基本要求的规定，且无严重外观缺陷和质量保证资料真实并基本齐全时，才能对分项工程质量进行检验评定。

涉及结构安全和使用功能的重要实测项目为关键项目，其合格率不得低于90%（属于工厂加工制造的桥梁金属构件不低于95%，机电工程为100%），且检测值不得超过规定极值，否则必须进行返工处理。实测项目的规定极值是指任一单个检测值都不能突破的极限值，不符合要求时该实测项目为不合格。采用统计方法进行评定的关键项目，不符合要求时则该分项工程评为不合格。

分项工程的评分值满分为100分，按实测项目采用加权平均法计算。分项工程存在外观缺陷或资料不全时，予以减分。

$$分项工程得分 = \frac{\sum 检查项目得分}{\sum 检查项目权值}$$

分项工程评分值＝分项工程得分－外观缺陷减分－资料不全减分

1. 基本要求检查

分项工程所列基本要求，对施工质量优劣具有关键作用，应按基本要求对工程进行认真检查。经检查不符合基本要求规定者，不得进行工程质量的检验和评定。

2. 实测项目计分

对规定检查项目采用现场抽样方法，按照规定频率和下列计分方法对分项工程的施工质量直接进行检测计分。检查项目除按数理统计方法评定的项目以外，均应按单点（组）测定值是否符合标准要求进行评定，并按合格率计分。

$$检查项目合格率 = \frac{检查合格的点（组）数}{该检查项目的全部检查点（组）数} \times 100\%$$

$$检查项目得分 = 检查项目合格率 \times 100\%$$

3. 外观缺陷减分

应对工程外表状况进行全面检查，如发现外观缺陷，则予以减分。对于较严重的外观缺陷，施工单位须采取措施进行整修处理。

4. 资料不全减分

分项工程的施工资料和图表残缺，缺乏最基本的数据，或有伪造涂改者，不予检验和评定。资料不全者应予减分，减分幅度可按《公路工程质量检验评定标准》所列各款逐款检查，视资料不全情况，每款减 1～3 分。

（二）分部工程和单位工程质量评分

分部工程分为一般分项工程和主要（主体）分项工程，分别给予 1 和 2 的权值。进行分部工程和单位工程评分时，采用加权平均值计算法确定相应的评分值。

$$分部（单位）工程评分值 = \frac{\sum \left[分项（分部）工程评分值 \times 相应权值\right]}{\sum 分项（分部）工程权值} \times 100\%$$

（三）合同段和建设项目工程质量评分

合同段和建设项目工程质量评分值按照《公路工程竣（交）工验收办法》计算。

（四）质量保证资料

施工单位应有完整的施工原始记录、试验数据、分项工程自查数据等质量保证资料，并进行整理分析，负责提交齐全、真实和系统的施工资料和图表。工程监理单位负责提交齐全、真实和系统的监理资料。质量保证资料应包括以下几个方面：

①所用原材料、半成品和成品质量检验结果；

②材料配比、拌和加工控制检验和试验数据；

③地基处理、隐蔽工程施工记录和大桥、隧道施工监控资料；

④各项质量控制指标的试验记录和质量检验汇总图表；

⑤施工过程中遇到的非正常情况记录及其对工程质量影响分析；

⑥施工过程中如发生质量事故，经处理补救后，达到设计要求的认可证明文件等。

三、工程质量等级评定

（一）分项工程质量等级评定

分项工程评分值不小于 75 分者为合格，小于 75 分者为不合格；机电工程、属于工厂加工制造的桥梁金属构件不小于 90 分者为合格，小于 90 分者为不合格。评定为不合格的分项工程，经加固、补强或返工、调测，满足设计要求后，可以重新评定其质量等级，但计算分部工程评分值时按其复评分值的 90%计算。

（二）分部工程质量等级评定

所属各分项工程全部合格，则该分部工程评为合格；若其中任一分项工程不合格，则该分部工程为不合格。

（三）单位工程质量等级评定

所属各分部工程全部合格，则该单位工程评为合格；若其中任一分部工程不合格，则该单位工程为不合格。

（四）合同段和建设项目质量等级评定

合同段和建设项目所含单位工程全部合格，其工程质量等级为合格；若其中任一单位工程不合格，则合同段和建设项目为不合格。

第四节　高速公路项目交竣工

公路工程验收分为交工验收和竣工验收两个阶段。交工验收主要是检查施工合同的执行情况，评价工程质量是否符合技术标准及设计要求，是否可以移交下一阶段施工或是否满足通车要求，对各参建单位工作进行初步评价；竣工验收主要是综合评价工程建设成果，对工程质量、参建单位和建设项目进行综合评价。

交工验收由项目法人负责，竣工验收由交通主管部门按项目管理权限负责。交通运输部负责国家、部重点公路工程项目中 100 km 以上的高速公路、独立特大型桥梁和特长隧道工程的竣工验收工作；其他公路工程建设项目，由省级人民政府交通主管部门确定的相应交通主管部门负责竣工验收工作。

一、公路工程交工验收

依据《公路工程竣（交）工验收办法》的规定，公路工程（合同段）进行交工验收应具备以下条件：

①合同约定的各项内容已完成；

②施工单位按交通运输部发布的《公路工程质量检验评定标准》及相关规定的要求对工程质量自检合格；

③监理工程师对工程质量的评定合格；

④质量监督机构按交通运输部规定的公路工程质量鉴定办法对工程质量进行检测（必要时可委托有相应资质的检测机构承担检测任务），并出具检测意见；

⑤竣工文件已按交通运输部规定的内容编制完成；

⑥施工单位、监理单位已完成本合同段的工作总结。

公路工程各合同段符合交工验收条件后，经监理工程师同意，由施工单位向项目法人提出申请，项目法人应及时组织对该合同段进行交工验收。交工验收的主要工作内容如下：

①检查合同执行情况；

②检查施工自检报告、施工总结报告及施工资料；

③检查监理单位独立抽检资料、监理工作报告及质量评定资料；

④检查工程实体，审查有关资料，包括主要产品质量的抽（检）测报告；

⑤核查工程完工数量是否与批准的设计文件相符，是否与工程计量数量一致；

⑥对合同是否全面执行、工程质量是否合格做出结论，按交通主管部门规定的格式签署合同段交工验收证书；

⑦按交通运输部规定的办法对设计单位、监理单位、施工单位的工作进行初步评价。

项目法人负责组织公路工程各合同段的设计、监理、施工等单位参加交工验收。拟交付使用的工程，应邀请运营、养护管理单位参加。参加验收单位的主要职责如下：项目法人负责组织各合同段参建单位完成交工验收工作的各项内容，总结合同执行过程中的经验，对工程质量是否合格做出结论；设计单位负责检查已完成的工程是否与设计相符，是否满足设计要求；监理单位负责完成监理资料的汇总、整理，协助项目法人检查施工单位的合同执行情况，核对工程数量，科学公正地对工程质量进行评定；施工单位负责提交竣工资料，完成交工验收准备工作。

项目法人组织监理单位按《公路工程质量检验评定标准》的要求对各合同段的工程质量进行评定。监理单位根据独立抽检资料对工程质量进行评定，当监理按规定完成的独立抽检资料不能满足评定要求时，可以采用经监理确认的施工自检资料。项目法人根据对工程质量的检查及平时掌握的情况，对监理单位所做的工程质量评定进行审定。各合同段工程质量评分采用所含各单位工程质量评分的加权平均值，即工程各合同段交工验收结束后，由项目法人对整个工程项目进行工程质量评定，工程质量评分采用各合同段工程质量评分的加权平均值。工程质量等级评定分为合格和不合格，工程质量评分值大于等于 75 分的为合格，小于 75 分的为不合格。

公路工程各合同段验收合格后，项目法人应按交通运输部规定的要求及时完成项目交工验收报告，并向交通主管部门备案。国家、部重点公路工程项目中 100 km 以上的高速公路、独立特大型桥梁和特长隧道工程向省级人民政府交通主管部门备案；其他公路工程按省级人民政府交通主管部门的规定向相应的交通主管部门备案。公路工程各合同段验收合格后，质量监督机构应向交通主管部门提交项目的检测报告。交通主管部门在 15 日内未对备案的项目交工验收报告提出异议，项目法人可开放交通进入试运营期。试运营期不得超过 3 年。交工验收提出的工程质量缺陷等遗留问题，施工单位必须限期完成。

二、公路工程竣工验收

根据《公路工程竣（交）工验收办法》的规定，公路工程进行竣工验收应具备以下条件：

①通车试运营 2 年后；

②交工验收提出的工程质量缺陷等遗留问题已处理完毕，并经项目法人验收合格；

③工程决算已按交通运输部规定的办法编制完成，竣工决算已经审计，并经交通主管部门或其授权单位认定；

④竣工文件已按交通运输部规定的内容完成；

⑤对需进行档案、环保等单项验收的项目，已经有关部门验收合格；

⑥各参建单位已按交通运输部规定的内容完成各自的工作报告；

⑦质量监督机构已按交通运输部规定的公路工程质量鉴定办法对工程质量检测鉴定合格，并形成工程质量鉴定报告。

公路工程符合竣工验收条件后，项目法人应按照项目管理权限及时向交通主管部门申请验收。交通主管部门应当自收到申请之日起 30 日内，对申请人递交的材料进行审查，对于不符合竣工验收条件的，应及时退回并告知理由；对于符合验收条件的，应自收到申请文件之日起 3 个月内组织竣工验收。

竣工验收的主要工作内容如下：

①成立竣工验收委员会；

②听取项目法人、设计单位、施工单位、监理单位的工作报告；

③听取质量监督机构的工作报告及工程质量鉴定报告；

④检查工程实体质量、审查有关资料；

⑤按交通运输部的相关规定对工程质量进行评分，并确定工程质量等级；

⑥按交通运输部的相关规定对参建单位进行综合评价；

⑦对建设项目进行综合评价；

⑧形成并通过竣工验收鉴定书。

竣工验收委员会由交通主管部门、公路管理机构、质量监督机构、造价管理机构等单位代表组成。大中型项目及技术复杂工程，应邀请有关专家参加。国防公路应邀请军队代表参加。项目法人、设计单位、监理单位、施工单位、接管养护等单位参加竣工验收工作。

参加竣工验收工作各方的主要职责分别为：竣工验收委员会负责对工程实体质量及建设情况进行全面检查，按交通运输部规定的办法对工程质量进行评分，对各参建单位进行综合评价，对建设项目进行综合评价，确定工程质量和建设项目等级，形成工程竣工验收鉴定书；项目法人负责提交项目执行报告及验收所需资料，协助竣工验收委员会开展工作；设计单位负责提交设计工作报告，配合竣工验收检查工作；监理单位负责提交监理工作报告，提供工程监理资料，配合竣工验收检查工作；施工单位负责提交施工总结报告、提供各种资料，配合竣工验收检查工作。

竣工验收工程质量评分采取加权平均法计算，其中交工验收工程质量得分权值为 0.2，质量监督机构工程质量鉴定得分权值为 0.6，竣工验收委员会对工程质量评定得分权值为 0.2。工程质量评定得分大于等于 90 分为优良，小于 90 分且大于等于 75 分为合格，小于 75 分为不合格。

竣工验收委员会按交通运输部规定的办法对参建单位的工作进行综合评价。评定得分大于等于 90 分且工程质量等级优良的为好，大于等于 75 分为中，小于 75 分为差。

竣工验收建设项目综合评分采取加权平均法计算，其中竣工验收工程质量得分权值为 0.7，参建单位工作评价得分权值为 0.3（项目法人占 0.15，设计单位、施工单位、监理单位各占 0.05）。评定得分大于等于 90 分且工程质量等级优良的为优良，大于等于 75 分为合格，小于 75 分为不合格。

负责组织竣工验收的交通主管部门对通过验收的建设项目按交通运输部规定的要求签发公路工程竣工验收鉴定书。通过竣工验收的工程由质量监督依据竣工验收结论，按照交通运输部规定的格式对各参建单位签发工作综合评价等级证书。

第五节　高速公路项目后评价

项目后评价是基本建设程序的重要组成部分，是管理周期中不可缺少的信息反馈环节。只有通过项目后评价，才能及时总结项目管理各阶段的经验教训，进一步改进和完善项目管理工作，提高项目的投资效益。沪嘉、广佛、西三、沈大四条高速公路为交通运输部确定的国家首批公路建设后评价项目。

一、项目后评价的目的与任务

根据《公路建设项目后评价工作管理办法》的规定，公路建设项目后评价是用科学、系统的评价方法，通过对项目立项、可行性研究、设计、施工和运营各阶段工作的跟踪、调查和分析，全面评价项目的作用与影响、投资与效益、目标实现程度及持续能力等，总结项目的经验与教训。后评价的目的在于通过全面的总结，不断提高公路建设项目决策、设计施工、管理水平，为合理利用资金、提高投资效益、改进管理、制定相关的政策等提供科学依据。

纳入交通运输部后评价工作管理的公路建设项目，由交通运输部根据有关规划和具体项目情况，经各省（区、市）交通运输主管部门确定，重点选择国家公路网规划中的重大建设项目或对行业发展具有重大指导意义的项目，并以后评价工作计划的形式下达；进行后评价的项目应已建成通车运营 5 年以上并通过竣工验收。

二、项目后评价的程序

项目后评价是一项涉及面较广的技术经济分析工作，不仅需要科学的方法作为工具，而且需要严密的程序作为保证。尽管由于建设项目规模大小、复杂程度的不同，每个项目后评价的具体工作程序会有一定的差异，但从总体来看，项目的后评价都遵守一个客观的、循序渐进的基本程序。项目后评价程序一般包括提出问题、筹划准备、收集资料、分析研究、编写项目后评价报告、成果送审六个既有区别又相互联系的阶段，其具体程序如下。

（一）提出问题

项目后评价已经纳入了基础设施建设管理程序，原则上对所有竣工通车的建设项目都应进行后评价。但出于公路建设项目的投资规模和作用影响往往相差很大且又为数众多，所以本着代表性、有效性的原则，后评价工作又常常只在一定范围内进行。按照《公路建设项目后评价工作管理办法》的有关规定，我国公路项目后评价工作的重点是国家重点公路建设项目、40 km 以上的国道主干线项目或 100 km 以上的国道及省道高等级公路项目、利用外资的公路项目、特大型独立公路桥隧项目，以及上级主管部门指定的项目。提出问题阶段主要是为了明确项目后评价的具体对象、组织机构和具体要求。

（二）筹划准备

筹划准备阶段的主要任务是组建一个人员结构合理的工作班子，并按委托单位的要求制订一个周详的项目后评价计划。后评价计划的内容包括项目评价人员的配备、建立组织机构的设想、时间进度的安排、内容范围与深度的确定、预算安排、评价方法的选定等。

（三）收集资料

建设项目后评价必须以项目各阶段的正式文件和项目建成通车一定时期内进行的各种调查及重要运行参数的测试数据为依据。本阶段的主要任务是列出详细的调查提纲，确定调查对象和调查方法并开展实际调查工作，收集后评价所需要的各种资料和数据。这些资料和数据主要包括以下几个方面：

①项目建设资料，如项目建议书，可行性研究报告，初步设计、施工图设计及其审查意见和批复文件，工程概算、预算、决算报告，项目竣工验收报告及有关合同文件等。

②国家经济政策资料，如与项目有关的国家宏观经济政策、产业政策，国家金融、价格、投资、税收政策及其他有关政策法规等。

③项目运营状况的有关资料。

④反映项目实施和运营实际影响的有关资料。

⑤本行业有关资料，如国内外同类行业、同类项目的有关资料。

⑥与后评价有关的技术资料及其他资料。

（四）分析研究

分析研究阶段围绕项目后评价内容，采用定量分析和定性分析方法，发现问题，提出改进措施。项目后评价所采用的定量研究方法较多，如指标计算法、指标对比法、因素分析法、准试验方法、回归分析法等。

（五）编制项目后评价报告

项目建设单位将分析研究的成果进行汇总，编制出项目后评价报告，并提交给委托单位和被评价单位。项目后评价报告是项目后评价工作的最终成果，应该按照有关文件规定的文本格式和内容要求认真编写，既要全面系统，又要突出重点，简明扼要。后评价报告编制必须客观、公正、科学，不应受项目各阶段文件结论的束缚。

（六）成果送审

公路建设项目后评价报告编制完成后，就应按管理办法的规定上报有关部门组织审查，并及时反馈后评价成果及审查意见。建设项目的各有关部门和单位要认真对待后评价成果，从中吸取经验教训，并采取相应的对策、措施，进一步完善已建项目，改进在建项目，指导待建项目。

三、项目后评价的方法

公路建设项目后评价的方法主要有有无对比法、层次分析法、因果分析法、逻辑框架法、综合评价法等，可根据项目特点选择一种或多种方法。公路建设项目前期工作所采用的相关评价技术及指标量化方法原则上可用于后评价可参照《公路建设项目可行性研究报告编制办法》《公路建设项目经济评价方法与参数》等。

四、公路建设项目后评价报告

编制建设项目后评价报告必须以项目各阶段的正式文件和项目建成通车2～3年内进行的各种调查及重要运行参数的测试数据为依据。项目通车后需要进行的主要调查包括交通量调查、交通安全性调查、车辆运行特征调查、车辆运输费用调查、工程质量调查、经济社会调查、环境调查等。项目各阶段有关委托、评审、批复等的文件主要包括项目建议书、可行性研究报告、项目申请报告、初步设计、技术设计、施工图设计的审查意见，批复文件；资金申请报告、招投标文件、重大变更的请示及批复；经审计的决算报告和工程竣工验收鉴定书等。

公路建设项目后评价报告编制必须客观、公正、科学，不应受项目各阶段文件结论的束缚。公路建设项目后评价报告由主报告和附件组成。主报告应按《公路建设项目后评价报告编制办法》的附件"公路建设项目后评价报告文本格式及内容要求"编制。附件主要包括专题报告、公路建设项目管理表和有关委托、招标、评审、批复等主要文件的复印件。

第二章 高速公路收费管理

高速公路的快速建设及收费高速公路政策的实施促进了公路客、货运量的快速增长，并为我国国民经济的进一步发展做出了巨大贡献。

第一节 收费管理概述

一、征收车辆通行费的目的和意义

不同国家道路收费的目的不同，我国高速公路征收车辆通行费具有以下目的与意义。

（一）为高速公路建设开辟新的资金渠道

高速公路是一项耗资巨大、建设周期长的公共设施，不论是发展中国家还是发达国家，都面临着建设和养护高速公路系统资金缺乏的问题。征收车辆通行费，不仅可以开辟新的公路建设资金来源，而且可以吸引私人企业和个人投资高速公路建设，解决高速公路建设长期依靠政府财政的弊端。

（二）为加强公路养护与管理提供条件

过去，我国公路养护实行专业化与民工建勤相结合的制度，国道、省道一般以固定专业养护工人为主，县道、乡道一般以建勤轮换工和组织当地群众养护为主。公路养护依附于行政部门，业务靠计划，资金靠拨款，材料靠调拨，盈利要上缴，亏损要补贴。征收车辆通行费后，高速公路养护与管理资金可以直接从征收的车辆通行费中提取，减少了许多中间环节，克服了多年来公路养护中不计成本、不计经济核算的种种弊端，从而有利于提高公路养护管理水平，推进公路养护管理由事业型向企业化过渡。

（三）逐步树立高速公路市场观念，推进了高速公路企业化管理的实施

高速公路除具有一般公路的基本属性外，还具有其独特的经济技术特性。一般公路主要反映其社会公益性的特点，因而其建设和使用价值的补偿主要采用征收税费的形式，其管理亦以事业管理为主。高速公路与一般公路相比，具有明显的级差效益，这就决定了高速公路可以依据市场法则，实行企业化管理，并通过征收车辆通行费对其价值进行补偿。

（四）体现了"内在"的公平合理性

随着国民经济的发展，社会对运输业的需求从对量的追求逐渐转向对质的追求，交通业也从供需适应型逐步转变为速度效率型。高速公路建设正是适应了这个趋势，道路使用者作为高速公路的直接受益者，其营运费用普遍下降、行驶时间大大缩短、运输质量明显提高。高速公路所带来的级差效益，为各类道路使用者所分享，高速公路建设与养护费用理应公平合理地分摊到道路使用者身上。

二、高速公路收费的基础

在我国现阶段，高速公路建成通车以后，一般要对使用高速公路的车辆收取通行费，从投资经济学的角度分析，收费的理由主要有如下三点。

（一）高速公路是一种特殊的商品

高速公路与其他公路相比级差效益很明显，具有很强的商品性。级差效益主要体现在修建标准高、造价高，因此和一般公路相比有级差效益。由于其在国民经济中的作用，又使它与一般商品相异成为特殊商品。高速公路商品属性的理论基础就是其产生的级差效益。对车辆征收的通行费只是其级差效益的一部分。级差效益主要包括：提高公路等级而使运输成本降低所产生的效益，节约运营时间产生的效益，减少交通事故产生的效益。

（二）高速公路属于经营性基础设施

基础设施分为公益性和经营性两大类，高速公路属于经营性基础设施。大多数公路具有极强的社会性、公益性。所收取的养路费和燃油附加税、通行费，主要用于公路的养护和改善。目前，由于高速公路建设资金来源的多元化，客观地

决定了我国高速公路是一种经营性资产，属于经营性基础设施。各种资金都需要回收，并应获得相应的投资利润，这是对使用高速公路的车辆收取通行费的直接依据。

适当征收通行费，大力发展收费高速公路，可以从根本上解决高速公路建设资金短缺问题。

（三）控制交通量的需要

当高速公路的使用产生了交通拥挤而暂时又无法提高通行能力（道路供给缺乏弹性）时，应当采取收费来缓解交通拥挤。

在我国现阶段，为解决高速公路的拥挤而进行收费的情况很少，大多数高速公路收费是为了还贷和经营。由于建设资金的短缺，为了扩大资金的来源渠道，吸引更多的外资和社会资金，特许收费经营就成为必然选择。在这种情况下，特许经营公司出资向政府买断高速公路的经营权，对高速公路进行经营管理，所得收入用于还债，用于公司投入资金的回收和获取相应的收益。

三、大数据分析在高速公路收费管理中应用的重要性

作为交通运输中非常重要的交通枢纽，高速公路的建设对于地区经济的发展有着十分重要的作用。这些年来，我国不断加大对高速公路的建设力度，自2020年1月1日起，全面取消省界收费站，高速收费实现了全国联网，不停车即可缴费，有效提升了高速通行效率，优化了运输环境，也保障了高速公路的畅通。随着时代的进步以及信息化技术的发展，智慧高速的理念应运而生，并在使用过程中产生了海量的数据信息。在大数据背景下，高速通行收费产生了海量数据，有必要高效地处理分析这些数据信息，通过对这些数据的分析总结来提升高速公路的服务水平。

（一）大数据时代的含义及特征

1. 大数据时代的含义

所谓大数据时代，是基于相关的算法，实现对海量数据的搜集、分析、存储和利用，挖掘数据中的有利信息，用以指导企业的生产实践，这些信息能够有效提高工作效率，为企业的发展决策提供精准的数据支撑。简单来说，大数据技术也就是在各种各样类型的数据中，快速获得有价值信息的能力。以大数据为依托，各种产业包括一些新兴产业应运而生，产业运行中产生了海量的数据，非常有必要对这些数据进行分析和处理，这一时代环境就称为大数据时代。

2. 大数据时代的特征

大数据时代有四个重要特征：量大、类多、价值相对较低、具有时效性。首先，大量的信息数据伴随着产业的发展而诞生，同时信息技术的发展也为处理这些数据、解决这些问题提供了支持。其次，与以往的数据不同，大数据时代的数据种类多样，包括视频、音频等多种形式，这要求信息技术也要不断发展。再次，在海量的数据来源中，有利用价值的数据占比非常小，如何挖掘出有价值的数据意义重大。和传统的数据处理模式相对，大数据技术可以从海量数据中筛选剔除无关数据，保留对自己有价值的数据，利用模型对未来的趋势进行预测。最后，数据分析处理速度快，主要通过互联网传输。大数据处理速度要求比较严格，利用服务器对海量数据进行处理，这是很多平台都不具备的功能。大数据对社会发展的影响是显而易见的，不仅推动了计算机技术的发展，而且对各个行业的进步、经济的发展也有重要的促进作用。

（二）高速公路大数据的特点

1. 处理速度快

与传统数据挖掘相对比，大数据技术在分析数据方面的速度优势非常显著。在高速公路的运营中，要求数据处理速度快，收费现场及路上监控、数据监测等设施设备产生的数据需实时传输至信息集成处理中心，在后台能实时查询前端发生的数据，以此达到实时获取数据、图片、监控信息，满足生产工作需求。

2. 数据蕴藏价值大

在大数据体系之中，数据总量越大，表明数据价值密度越低，需要对数据进行"提纯"处理，从而获取有价值的信息。在高速公路的海量数据中，如需获取瞬时的车辆数据、图片或监控录像，也需从存储在系统的信息库中提取；但是数据的积累对比叠加分析也能产生较大参考价值，如每年的车流量、通行费收入，通过历年累计，可以分析年自然增长规律和特殊增长因素，客货车占比等，为测算当年的车流及通行费收入提供参考，从而推测高速公路路桥的损耗，为养护管理提供数据依据，也能为运营公司的成本预算提供参考。

3. 数据类型多

一般而言，大数据的类型繁多，主要可以分为非结构化数据和结构化数据两大类型。所谓结构化数据，指传统的文本（.doc 或 .txt）数据，而非结构化数据，主要是指视频、地理信息、音频、图片等类型数据。高速公路运行产生的海量数据可以分为非结构化数据和结构化数据，例如监控系统拍摄的照片、视频等都属于非结构化数据，收费系统中的文件等都属于结构化数据。视频监控包括收费站监控、隧道监控、重点路段监控、解缴款监控等；收费数据包括车辆出入口站、车牌、里程、时长、金额等；视频监控图片及收费数据流水两者相辅相成，对于日常收费工作的管控起着重要的作用。

4. 数据规模大

在大数据的存储应用中，1 EB 约等于 1 024 PB，1 PB 约等于 1 024 TB。目前，经过多年的发展，人类生产的印刷类材料大约为 200 PB。一般而言，大型企业的存储量可以达到 EB 级别，而个人用计算机的存储容量可以达到 TB 级别。在高速公路的日常运行中，每天的交通运行量都达到了数百万辆，产生了海量的数据信息，对数据运行效率提出了很高的要求。近年来，随着人们生活水平逐渐提高，私家车保有量也随之提高，这也在一定程度上导致高速公路上的汽车数量的增加。

（三）大数据分析在高速公路中的应用现状

1. 大数据技术在高速公路管理中的应用

随着我国科学技术水平的提升，大数据技术在高速公路行业得到了推广和普及使用，如高速公路车辆偷逃通行费行为的判断、节假日车流高峰的研判分析、养护管理等各个方面。如偷逃通行费行为可通过后台数据的比对分析，辅以路上门架图片及出口监控视频等，发现出入口信息不一致、信息不对等，为车辆是否正常缴费的判别提供依据，为挽回通行费收入提供了可靠的依据；另外可根据历年数据及周边路段通达情况，分析车辆的通行流向及出行习惯，从而对节假日的车流高峰期做预测分析，对易堵收费站做出提前预判，让收费站做好充分的保畅准备等。此外，根据高速公路周边的人口和经济状况，对高速公路车辆的流出和流入量进行判定。我国高速公路建设速度加快，产生了海量的数据信息。利用数据挖掘技术，可以从大量的历史数据和实时数据中分析出规律和趋势，为经营决策提供依据。在这个过程中，必须充分保证数据来源的可靠性、真实性和实时性，以便更好地应用大数据技术建设高速公路收费管理系统。

2. 大数据分析在高速公路收费工作中的应用

（1）数据稽核。

高速公路收费车道的车辆收费交易完成后，将生成各种数据包括车道信息、值班数据、图像信息、入口流水和出口流水等，系统自动生成这些实时的数据，将这些数据传送到道路的省级中心和部级中心。高速公路大数据应用包括车辆轨迹跟踪还原、车辆行为的精准稽核、路网潜在逃费分析、构建全数据信用评价体系、大流量主动管控等。通过点、线多流水数据的融合分析，实现收费稽核的智能纠偏，辅助解决车辆通行过程数据的一致性、准确性及完整性等问题，为稽核工作提供全面、及时、有效的证据链。基于完整的收费稽核数据，利用建立的车辆逃费稽核模型，借助大数据分析能力，实现车辆多样化逃费的精准稽核，最大限度减少高速通行费损失，保证高速计费的公平公正。

（2）内控管理。

高速公路收费站生成的数据很多，原始流量信息包含很多内容。开展数据稽核分析也对收费内控管理有积极的作用。例如对收费站人员与司机串通、故意私放人情车、少收通行费或截留通行费的行为进行稽核，通过后台数据分析，查看车辆通行记录是否存在异常，是否存在应收与实收不符的情况，再通过监控录像等辅助手段，排查是否存在违规违纪操作的行为，保证收费工作清正廉明，确保收费管理工作的顺利开展。

（3）高速公路通行费预测。

在高速公路收费管理中，管理者可以根据历年及结合本年的车流情况预测未来的收费金额和收费金额的变化，更好地分析公路收费和交通状况。要预测通行费收入，首先要了解路段的车流量及车流结构，车流量的增长一般与通行费的增长成正比，如果是负相关的关系，那就要从车流结构分析，可能会存在客车车流增长幅度大，货车车流下降的情况，例如法定节假日期间，实行小型客车免费通行，此时会出现车流量增长但通行费收入下降的情况。所以我们在做预测分析时，也要根据实际情况进行分析，既要关注历年的数据年均增长率，也要根据当年周边经济发展情况做出判断，从而预测当年的车流量及收入，为高速运营公司当年的成本预算提供数据依据。

（4）高速公路通行费预测的多元回归分析。

预测中的回归分析也称为因子分析。它可以识别变量之间的定量关系和被认为是变化原因的变量，并建立相应的数学模型。通过相应的方法确定一段时间内外生变量的值，并将其代入模型中计算外生变量的值，即预测值。多元回归预测模型也需要 R 检验、T 检验和 F 检验。R 检验可以反映变量之间的相关程度。如果该值接近 1，则具有更好的回归效果。T 检验和 F 检验可以得到显著性水平，判断是否有显著影响，并进行后续的预测工作。

以某收费站为例，采用差分法选择应当选取的数据模型确定相关的参数，用ARIMA 数据模型对时间序列进行预测，可以得到一个月的车流数据，将得到的数据和实测的数据进行比较，便会产生相对误差曲线，对相对误差曲线进行分析，可以发现，所选择的时间序列模型可以达到预测产生的效果，只有个别数据的异常趋势才会导致个别数据的预测误差。采用这种方法对不同车型的车辆进行分析，得到相对应的预测模型参数，从而得到高速公路收费站在一定时间段内的车流数据。

利用车辆收费总额和车辆的历史流量数据进行多元回归分析，得出相应的回归方程。通过将预测数据替换为计算，可以获得车辆合计的收费金额，并与实际数据进行比较。通过计算，可以得到车辆收费总额和绿色通道减免的金额，与实际数据的相对误差小于 2%。

（四）高速公路收费管理中大数据应用的重要作用

1.对高速公路行车收费进行管理

高速公路整体的快速发展、总通车里程的不断增加以及高速公路网的快速建设，使得高速公路运营成本问题更加突出。一些车辆存在恶意逃费等问题，给高速公路运营管理部门带来了巨大的经济损失。一方面，高速公路建设期间的贷款偿还期将延长；另一方面，高速公路运营成本主要来自收费，恶意逃费会减少高速公路的收入。采用大数据可以优化道路收费模式，及时发现收费漏洞，使管理部门能够采取更好的措施防范通行费流失。

2. 能够实现对数据的全面监控

高速公路收费站可以对车辆进行详细监控，基于大数据处理手段，分析车辆的行驶数据，挖掘出异常数据，有效提升高速公路收费管理的效率。运用科技手段，实现检测手段由人工识别向科技手段的转变，有效预防和打击逃费行为。例如，高速公路收费站可以监控车辆进入高速公路入口的时间和地点，并根据车辆的行驶速度和车型分析是否存在逃逸现象，对逃逸车辆进行过滤，并采取相应的应对措施。此外，大数据还可以用于跟踪闯入高速公路入口的车辆和非法盗窃其他车辆，避免高速公路的经济损失，提升高速公路运营的经济效益。

3. 提升高速公路运营管理质量

高速公路管理的目的是实现创收，提升高速公路的盈利能力，同时为公众提供更好的行车环境。依托大数据对高速公路的状况进行分析，通过各种途径，如网络地图和道路指示牌、可变情报板来为驾驶员提供最新的路况信息，方便驾驶员采取相应的措施来保证高速行车的安全。大数据还能在各种情况下发挥优势作用，例如在节假日高速公路出现拥堵时，运用大数据对高速公路的路况进行分析，并对拥堵路段流量进行判断，为后方车辆提供较为准确的信息，使车主采取相应措施避开拥堵的路段，提升车主的行车效率，这些功能对客货车通行高速具有很高的价值。大数据提升了高速行车环境，同时也提升了高速公路的智慧化管理质量，达到了司乘人员与运营公司双赢。

综上所述，现在大数据在各领域中都已经得到了很好的应用，因此将大数据运用到高速公路的收费管理系统中，是高速公路发展的必然趋势。智能交通系统也应运而生，人们非常希望建设完善的智能交通系统，以此来高效准确地掌握交通运输情况，有效地解决交通事故频发以及交通堵塞的问题。将大数据的特征和优势与高速公路的收费管理相融合，不仅可以提升收费管理系统的科学性和有效性，还能帮助提升高速公路的服务质量，增加经济效益，不断满足人民美好出行的需求。

第二节　高速公路收费的制式和种类

一、收费制式

收费制式是道路收费系统的基本体制和方式。收费制式决定了道路收费系统的建设规模、建设位置、收费流程等。在选择收费制式时，必须考虑到经济性、公平合理性、交通延误大小、对环境的影响等多方面因素。世界各国高速公路的收费系统通常采用四种制式：均一式、开放式、封闭式和混合式。

（一）均一式

均一式是最简单的一种收费方式，其收费站一般设置在高速公路的各个匝道入口处（包括主线两端入口和互通立体交叉入口），而主线和匝道出口都不再设站，车辆只需经过一个收费站缴费后，就可以在高速公路内自由行驶，不再受阻拦（收费站全部设在出口亦然）。收费标准仅根据车型这一个因素确定，不考虑行驶里程，且各个入口收费站都采取同一收费标准。

均一式收费制式具有如下优点：

①不会出现漏收情况。

②车辆只需一次停车缴费且收费标准单一，收费手续简便、效率高，对交通影响小。

③由于只在入口建收费站，所以对道路和互通立交的限制不是很严格，而且由于收费效率高，只要较小规模的收费广场就可以保证车辆正常通行，这样既节省了土建投资，也节省了运营费用。

④可兼顾入口交通管理。当主线交通量趋于饱和时，可以通过限制通过量或关闭部分或全部收费车道来实现高速公路的驶入控制。

由于均一式实行入口一次收费，如果道路里程较长，车辆行驶里程的差距较大，缴纳同样的通行费就显得不够公平合理。因而均一式比较适合于城市高速公路和短途城市间的高速公路。这种道路的交通特点是道路总里程较短，道路出入口（互通式立交）多而且间距小，车辆行驶里程差距不大，而交通量很大。日本东京的首都高速公路便采用了该种收费制式。

（二）开放式

开放式收费又称栅栏式收费系统或路障式收费系统。其收费站建在主线上，距离较长的高速公路可以建多个收费站，间距一般在 40 ～ 60 km 不等。各个互通式立交的出入口不再设站，这样车辆可以自由进出公路，不受控制，高速公路对外界呈"开放"状态。

每个收费站的收费标准和均一式一样也是固定的，仅因车种不同而变化。但各收费站的标准则因相互距离不等而有所区别，车辆通过收费站时停车缴费，长途车辆可能经过多个收费站而多次缴费，这样也大致体现了依据行车距离决定收费的原则。这种制式适用于较短距离或互通式立交较少的道路，或者收费的桥梁和隧道。

开放式收费的优点如下：

①收费站和收费车道数较少；收费站与互通立交不建在一处，因而立交形式不受收费站的影响，可以选择最简单的形式，所以建设投资较少，管理维护费用也低。

②长途车辆因缴费需多次间歇停顿，可减缓驾驶员因单调驾驶而产生的困倦，客观上有助于行车安全。

③当需要时容易改造成免费道路。

④收费设备简单，容易实现自动化。

⑤缴费简便迅速，对交通影响小。

⑥中央若干条收费车道可以建成往复变向车道，以适应上下行交通量在一天的不同时刻出现明显差别的情况，使设施利用率提高。

开放式收费方式的缺点如下：

①不能严格根据行驶里程收费，因此收费标准不易做到准确合理。

②当在两站之间设有两个以上互通立交时，会出现漏收情况。

③长途车辆多次缴费延误旅行时间，容易引起使用者的反感。

④不能兼顾高速公路出入口的交通管理，不便阻止行人、非机动车辆及不合格车辆的进入，这对于混合交通问题严重且使用者缺乏现代交通意识的地区来说

是很不利的。

（三）封闭式

封闭式收费是在高速公路的起点、终点建立主线收费站，在所有互通立交的出入口建立匝道收费站。车辆进入高速公路都要受到控制，但在高速公路内部则可以自由行驶，高速公路对外界呈"封闭"状态。车辆行驶在高速公路上时全程需停车两次，缴费一次，领通行券一次。封闭式收费系统通常都是按入口发卡、出口收费的原则来进行设计，收费口的几何设计也是以进口的通行能力比出口通行能力高为前提进行的。

目前，国内多采用封闭式收费制式，即进入公路网行驶的车辆，在入口领取记录有其行驶记录和有其行驶特征信息的通行券，出口交回通行券并按其行驶里程及车型缴纳通行费。

在管理初期，采用入口收费、出口验票的方式，其优越性在于出口处通过人工校验通行票，基本上可防止作弊，比较适合于人工收费系统。但是随着交通流量的不断增大，收费口服务水平往往不能满足使用要求。除出现排队问题外，还会因交通网络的逐步完善和规模增大，限制了客户行车路线的自由变更，缺乏机动性。

封闭式收费的优点如下：

①控制漏收情况；

②严格按车种和行车里程收费，公平合理；

③以兼顾出入口的交通管理；

④停车及缴费次数少，使用者容易接受；

⑤借助通行券上记录的信息，可以获得多种交通情报，如各出入口的分时交通量、各立交交通量的分配、各路段交通量及平均车速等，同时，亦可依据记录的信息，对收费人员的工作量、差错率及工时利用率等实行跟踪管理与考核。

封闭式收费的缺点如下：

①收费站及收费车道数多，收费站与互通立交合建一处，为便于收费，立交形式需做专门考虑，造成投资增大；

②入口、出口车道因分别装有各自的收费设备而相对固定，不易开辟中央往

复变向车道；

③入口操作简便，但出口操作复杂，费时较多，为了不影响交通，只能增加出口车道；

④收费设备复杂，造价高，管理维护费用高。

一般情况下，封闭式收费制式适用于距离较长、互通立交较多、车辆行驶里程差距较大的场合。

（四）混合式

混合式收费是开放式和封闭式两种收费方式的混合，其基本出发点是将两者的优点结合起来，形成一种新型的、简单有效的收费制式，用在中长距离的收费公路上。这种收费制式在主线上设一定数量的收费站，间距大于 40 km，在两主线站之间的部分匝道设收费站。每个收费站的标准不同，但对每一个站来说仅根据车型不同而变化，在减少漏收和不合理收费额的前提下，收费区间要认真分析确定。

大多数国家的高速公路都是分阶段修建的。最初修建的路段往往较短，所以有时先在主线上建一个收费站，成为开放式系统。以后随着线路的延长，从整体考虑不宜采用开放式，但原有的收费系统已经运转多年，制式很难改变，于是就发展出开放式和封闭式的混合形式。此外，还有均一式、开放式、封闭式等多种形式混合的例子。如美国新泽西州亚特兰大高速公路，既在入口收费，又在出口和路段收费，收费标准是固定的，和开放式相似。

混合式收费的优点如下：

①手续简便，对交通影响小。

②不会漏收。

③收费站比封闭式少，因而建设期相关土建、设备和配套设施少，投资小。

④收费标准比较合理，适应分段收费的需要。

⑤收费设备、管理简化，总运营成本较低。

混合式收费的缺点如下：

①不能严格按里程收费。

②不能兼顾所有出入口的管理。

③道路里程长时，长途车辆多次停车缴费。

近年来，随着我国高速公路建设的迅猛发展和高速交通网络的不断形成，在跨省高速公路和省内各地区高速公路间，由于投资主体的不同和利益差异，在收费方案选择与协调、通行费分配与监督等方面，都存在诸多需要研究与解决的问题。但无论各地采用何种收费制式，就我国高速公路总体网络而言，最终形成混合式收费系统应当是最为合理的选择。《收费公路管理条例》第十二条的规定，高速公路以及其他封闭式的收费公路，除两端出入口外，不得在主线上设置收费站。但是，省、自治区、直辖市之间确需设置收费站的除外。非封闭式的收费公路的同一主线上，相邻收费站的间距不得少于 50 km。

二、收费制式的比较和选择

（一）收费制式的比较

均一式、开放式、封闭式和混合式四种收费方式各有其自身的特点，表 2-1 对不同收费制式，从收费效率、运营成本、建造成本、管理难度等多方面进行比较。

表 2-1　四种收费制式比较

项目	开放式	均一式	封闭式	混合式
收费效率	高	高	最低	较低
运营费用	最低	高	最高	较高
建造成本	最低	高	最高	低
管理难度	最容易	难	最难	容易
立体交叉增减困难度	最容易	难	最难	略难
使用者费用	不完全	完全	完全	完全
依行驶里程计费	不完全	最差	最佳	佳
对地区交通影响	甚微	严重（上）/甚微（下）	严重	局部严重（上）/甚微（下）

续表

项目	开放式	均一式	封闭式	混合式
对主线交通影响	最严重	甚微（上）/严重（下）	甚微	严重
短程交通管制	无效	最有效	有效	有效
缓解城市区段短程交通	可以	较难	甚难	较难

（二）收费制式的选择

收费制式对高速公路的建设标准、规模、投资及运营管理有很大的影响，在规划设计阶段应根据路网特点、地区特点、工程投资和管理费用合理选择收费制式。

（1）在城市出入口路段、环城路段和短途城市间路段以及总里程短、出入口密集、交通量大、收费站受限制的路段，宜采用均一式收费制式。

（2）对里程较短或互通式立体交叉稀少的高速公路可考虑采用开放式收费制式。

（3）高速公路里程较长、互通式立体交叉较多以及车辆的行驶里程差距较大时，可考虑采用封闭式收费制式。

（4）高速公路跨接两个或两个以上大中城市或经济区，互通式立体交叉在两端都比较密集而在两个城市（经济区）之间相当长的距离不设或很少设置的高速公路可采用混合式收费制式；对于欠发达地区要带动地方经济发展，或近期预测交通量较小，不具备收费站设置条件或分期修建的高速公路也可采用混合式收费制式。

（5）省际或省内进行联网收费时，所有联网高速公路必须统一采用封闭式收费制式，以合理分配通行费和进行收费统一管理。

三、收费方式

收费方式总的来说可以归纳为三大类，即人工收费、半自动收费和全自动收费。另外，应根据需要对货车实行计重收费方式。

（一）人工收费

人工收费基本上不使用计算机，是由人工识别车型、收取费用、发放票据、放行车辆，一般在开放式的收费道路、桥费收费口采用。这种方式的最大优点是简单易行，可节省大量的建设及管理经费；缺点是少收、漏收、闯口等现象严重，同时要求收费人员的素质条件高，若管理不善，容易引起票款差错、舞弊和贪污现象。

完全由手工完成收费工作的方式已经很少采用。

（二）半自动收费

半自动收费系统也称计算机辅助收费系统，由人工和计算机相互配合，共同完成收费工作。半自动收费的具体工作过程是，采用人工识别车型或仪器识别，人工收取通行费，利用计算机及自动控制技术自动读写信息、计算收费金额、打印数据、累计和汇总。这种方法既避免了设备过于复杂的问题，又对作弊行为起了明显的抑制作用。国内高速公路大都采用半自动收费方式，即收费人员判别车型，发通行券、收通行券、收费，计算机对收费信息进行校验和管理，由闭路电视系统进行监控。

（三）全自动收费

1. 硬币式自动收费系统

在收费站的通道上安装硬币收费机，当车辆经过时，车主把规定数额的硬币投入收费机硬币装置内。收费机收到硬币后，会自动鉴别硬币的真伪和数量。确认所投硬币正确无误时发出指令，开起收费站的栏杆或亮出可以通行的绿色信号灯，允许车辆通行。

2. 全自动车辆辨认收费系统

全自动车辆辨认收费系统是多种先进的计算机、通信和激光技术的合成，采用全自动车辆辨认收费系统，需要预先在车辆规定的位置贴上与该车相对应的识别条码。车辆经过收费站时，激光判读装置自动读取识别条码并传递给计算机，计算机按接收的条码来读取预先储存的该车车型、车主姓名和所有计费信息，系统按相应的规定收费制计取费用，此外还可以进行更为复杂的车辆管理工作。收费设备对车辆进行识别辨认后，把判读结果转换为可处理的数字信号，为收费及识别其他信息提供了良好条件。

同时，全自动车辆辨认收费系统不仅判断车型，而且可以得到有关车辆和车主的诸多信息，这就使收费方式变得更加灵活。一种方式为车主预先交付一定数量的费用，车辆每次经过收费站，系统自行计费并记录存额，到一定时间按累计费额统一结账；另一种方式为车主不预先付款，定期按累计额发寄收费单，要求车主按规定的时间和方式缴费。这种系统最大优点是车辆通过收费站时不需要停车，可以大幅度提高收费车道通过能力。我国建成的高速公路均已开辟收费车道，可采用这种收费系统。

（四）计重收费方式

计重收费方式以实地测量的轴重、轴距、轴数等数据，以货车总质量为依据计重收取车辆通行费，该方式主要是针对半自动收费方式中人工判别货车车型带来的"大吨小标""一车多证""超限超载运输"等弊端而提出的一种收费方式。国务院交通主管部门于 2005 年 9 月发布了《关于收费公路试行计重收费的指导意见》，旨在对半自动收费方式的货车车型分类进行调整和完善，对货车通行费征收方式进行改革，提供一种较为公平、合理、科学的通行费征收方式。从我国对超限超载车辆的治理效果来看，计重收费是限制超载车辆的有效方式。

四、收费方式的比较和选择

各种收费方式都有自己的特点和适用范围，下面从其缴费等候延误、征费率、投资成本、作业成本和实施难度五个方面进行比较。

1. 缴费等候延误

缴费等候延误是车辆进站减速、排队等候、缴费和驶离收费车道达到允许最高车速所需时间之和。其中办理缴费的时间主要由设备处理时间、人工操作设备时间和缴付通行费时间三个部分组成，因而在同样的付款方式下，人工收费方式造成的驾驶员等候时间比半自动收费方式要长。如果采用非接触 IC 卡为通行券或采用刷卡付费，减少收费找零，可在极短的时间内完成交易，大大减少了办理收费时间，因而此种收费方式的缴费延误比人工方式减少许多。不停车收费方式可允许车辆以某一速度（可无须减速）通过收费站，因此不会产生等候延误。

2. 征费率

收费系统的主要目标是将应该征收的费额全部收回。事实上由于存在差错和费额的人为流失，征收率很难达到100%。差错表现为设备执行错误和人为的操作差错；人工介入收费过程会使某些环节存在作弊的可能性。一般而言，可靠度高、精度高的设备的出错率比人工操作要低。收费系统防作弊的功能如下：

①减少或省去收费过程的人工操作过程。

②将影响收费金额的操作全部记录在案，以备事后检查。

③采用非现金付款方式或减少采用现金付款的车辆数。

半自动收费方式可部分满足第一个和第三个要求，可全部满足第二个要求，因此征费率比人工方式高出许多。不停车收费方式完全无人参与，不采用现金付款方式，设备出错率低，因此征费率最高。

3. 投资成本

投资成本是指收费站必要设施与管理设施的设置成本。人工收费除基本的土木建筑外，不需任何机器设备，因此投资最低；半自动收费方式除需人工收费方式的土木建筑费外，还需投资机器设备，因此投资成本高；而不停车收费方式，尽管收费设备单价很高，但因收费效率很高，所需设备数量和收费站占地面积比半自动收费方式要少，因而投资成本并不一定很高。

4. 作业成本

作业成本是指收费系统每年必须支付给收费人员与管理人员的各种开支（如工资、福利等）以及收费业务与收费设施维护所需费用等。人工收费方式作业成本主要为人事费用，采用一些机器设备代替部分人工收费，收费人员数量减少，人事费用可望减少。但半自动收费方式需增加设备维护费和材料消耗开支等，特别是像使用磁票为通行券的现金付款方式，这类收费方式的作业成本可能比人工收费方式高出许多。不停车收费方式可做到几乎无人直接参与，而所采用的设备都是无接触读写设备和测量设备，可靠性和精度都很高，其作业成本主要为设备维修费用，应该可维持低作业成本水平。

5. 实施难度

人工收费方式的缴费程序对收费员或驾驶员来说均简单明了，若发生异常情况，例如缴费额不足，违章车辆（冲卡）或钱币真伪辨别等，收费员可迅速反应。因此，人工收费方式实施难度最小。半自动收费方式在缴费过程中需要驾驶员了解整个程序并完全配合，收费员必须按规定程序进行工作，如果发生设备故障、通行券损坏时，较难及时处理。自动收费方式在实施初期会发生部分车辆未装车载电子标签而驶入 ETC（electronic toll collection，电子不停车收费系统）车道的问题，给收费管理带来较多困难，因此，初期实施难度较大。随着技术的发展和人们缴费意识和自觉性的提高，自动收费方式实施难度为最低。

各种收费方式的比较如表 2-2 所示。

表 2-2　各种收费方式的比较

项目	人工收费方式	半自动收费方式	全自动收费方式 （一般是不停车收费方式）
缴费等候延迟	大	小	无
征费率	低	高	最高
投资成本	最低	高	高
作业成本	低	高	低
实施难度	最小	小	初期较大

可参照以下几个标准选择收费方式：

①收费方式与确定收费系统的规模、运行管理、联网收费等关系密切，除特殊情况外，高速公路建成初期应采用半自动收费方式。

②对于经济发达、交通量大、社会支撑条件好的地区，在交通易堵塞的路段可考虑采用全自动收费方式，但应先试验再扩大应用范围。

③临时收费站或受投资限制分期建设时，宜采用人工收费方式，并采用相应的监督措施，防止收费员的舞弊行为和杜绝费用的无故流失。

④高速公路进行联网收费后，为了确保收费及时查账、减少收费漏洞、提高管理水平，应统一采用半自动收费方式，并为全自动收费方式预留发展空间。

第三节　高速公路收费站管理

收费站是高速公路收费运营的最基本单元，也是高速公路管理决策者获得信息和依据的重要来源，担负着通行费的征收和文明服务的重要职责。因而，收费站管理是高速公路各项工作中最重要的一环，是高速公路企业生存和发展的第一要素。高速公路收费站管理包括良好的外部环境和完善的内部管理。良好的外部环境包括完善的公告提示、合理的收费管理体系、收费站和服务区的紧密联动管理，以及不停车专用车道的进一步建设；完善的内部管理包含收费管理、站务管理、安全管理、节能减排管理。本节主要介绍高速公路收费站的组成、分类和收费人员管理和稽查管理等。

一、收费站的基本组成

高速公路收费站主要由以下四个部分组成。

（一）收费卡门

收费卡门包括收费岛、收费亭、车道、收费大棚等部分。收费岛是在收费通道之间，高出路面的船型钢筋混凝土结构物，车辆驶入的一端为岛头，驶出的一端为岛尾。收费亭是供收费人员办公的结构物，里面配有收费系统的机电设施，在满足办公需要的同时，为收费人员的安全提供了保障。收费大棚是指位于收费岛上方的大棚，是高速公路的形象窗口，是对收费作业人员进行保护和具有标志功能的建筑物。

设置收费站收取通行费是回收高速公路投资的重要措施。在车辆通行较多的情况下，收费广场有可能成为一个瓶颈而影响公路上车辆的通行。因此，合理地设置收费站收费车道数是收费站设计的重要内容。收费站收费车道数应依据其交通量和设计通行能力确定，一般规定，收费车道数按预测的第15年交通量设计。

（二）收费广场

收费广场即收费站前后加宽的部分，收费广场的设置为车辆减速行驶、停车缴费、加速行驶提供了良好的平台。

（三）收费站房

收费站房的设置按其用途主要分为两类：一类是办公管理用房，另一类是收费工作人员生活配套用房。其用房规模宜结合工作人员数量、土地条件、收费站总体规模来确定。

（四）供电照明设施

供电照明设施包括监控室、通信设备以及车道照明等供电设备。

二、收费站的分类

（一）按照高速公路收费性质分类

按照高速公路收费性质，即收费项目、经营期限和偿还投资者利益，收费站分为经营性项目收费站和非经营性项目收费站。经营性项目是指有经营期限，以偿还投资者利益而收取车辆通行费的项目；非经营性项目是指没有经营期限，以还清贷款（含有偿集资）本息为目的而收取车辆通行费的项目。

根据《收费公路管理条例》，政府还贷公路只要还清贷款、集资款即应停止收费；而且不管是否还清贷款和集资款，政府还贷公路最长收费期限为 15 年。因此非经营性公路项目还清投资本息后，应停止收费，撤销收费站。经营性公路项目经营期满，则应立即停止收费，撤销收费站。

（二）按照收费站的位置分类

依据收费站所处位置可以分为主线收费站和匝道收费站。

1. 主线收费站

主线收费站是指设在公路主线上的收费站。封闭式收费系统除在高速公路两端各设一个主线收费站外，其余均设在匝道上；开放式收费系统一般是在高速公路上每隔一定距离设置一个双向收费站。

主线收费站的缺点是预期的高交通量会造成收费广场太宽，而使道路用地范围不切合实际，征地困难，并可能产生最小转弯半径不足等问题。此外，还会严重妨碍不停车收费系统的使用，因为车辆经过收费站时，不得不减速慢行，当高速公路交通量大时，主线收费站极易因停车缴费产生严重延误。

2. 匝道收费站

匝道收费站是指设置在匝道上或联络线上的收费站，其布设方式可分为集中式与分散式两类。对于封闭式收费系统，集中式是将同一立交每一进出口匝道均引至一处，与地区道路相衔接，集中设置双向收费站。此种方式的优点是方便了收费站的管理，提高了人员、设备的使用效率和机动性，收费车道也可视双向交通的分配比例弹性调拨使用。缺点是因为集中设置，会限制立交几何线形的设计，也会限制收费站位置的选择。此外，收费站上、下匝道上会因立交几何线形的限制，在转绕交通量大时，容易阻塞而影响相关象限车辆的运行，发生车辆交织现象。而对于均一制收费站或主线 / 匝道栏栅式收费站，只需入口或出口匝道引至一处，与地区道路相接，集中设置收费站。

三、收费人员管理

高速公路服务窗口与人们最直接接触的就是收费人员，可以说，收费人员的服务质量直接影响着高速服务形象。收费人员的管理内容应包括以下方面。

（一）收费人员的条件

收费人员的条件主要规定收费人员的政治素质、文化层次及业务能力等。具体要求为如下：

①政治素质高，品行端正，遵纪守法。

②具备初中（或高中）以上文化水平及基本业务技能。

③身体健康，矫正视力在 0.8 以上，无色盲和其他残疾。

④经专业培训，由主管部门考核，审批合格后，签订合同，持证上岗。

（二）服装

凡经批准上岗的收费人员在执行公务时，应按着装规定统一着制式服装，并做到以下几点：

①衣帽端正、规范，风纪严整。

②制式服装不与便装混穿，不跨季混穿。

③不得将服装、标志、证件转借他人。

（三）值班班长

收费人员以班为单位，每班设班长一名，值班长是本班收费工作中各项疑难问题的第一处理人，轮班形式按各地情况由高速公路管理部门确定。

（四）岗位要求

收费员要在站长、值班站长的领导下，负责当班期间具体的收费工作；严格执行自动化收费操作流程和收费标准，负责按时足额上缴通行费收入；负责做好收费设施的保护和清洁工作，发现问题及时报告；正确处理收费工作中出现的紧急事件，遇重大问题和突发情况要及时请示汇报；严格按照规定发放、回收通行卡，出口收费员要认真核对车辆信息，发现违章、逃费和有肇事痕迹的车辆，要及时滞留和报告；负责为用路人提供服务，收集、上报用路人的意见和建议；还要完成领导交办的其他事项等。

（五）交接班制度

（1）接班人员应在值班长统一带领下列队按时接岗，接岗时间为接班前10 min，以便于按时完成交接手续。

（2）接班值班长应向上班次值班长了解上班次情况，并检查"交接班记录"，上班次未了事宜应由上班次值班长在"交接班记录"上注明，由接班值班长安排处理。

（3）交班人员在接班前清点自己的票款，装箱携出收费亭。

（4）人员接班时应查验收费亭内所有设备、装备有无损坏，有无上班次遗留物品，待确认合格后，由接班值班长在"交接班记录"上签字。完成交接后如再出现问题，则由接班班长负责。

（5）为保证车流通畅，交接班时可开启备用进出口。无备用进出口时，可短时关闭一口，交替交接，但交接时间应避开交通量高峰时段。

（6）交接完成后，交班值班长应组织全班列队下岗，统一进入票款结算室进行结算。

（六）收费人员的培训与考核管理

随着各行各业竞争越来越激烈，服务行业对工作人员的要求更是日益严格。通过对高速公路基本知识、员工岗位要求、文明服务、收费业务等的培训，可以提高收费人员的基本素质水平，提高收费人员的整体服务水平，提高单位或企业的外部形象和经济收益水平。

考核是收费管理过程中一个行之有效的重要手段，通过考核切实有效地履行多劳多得、奖勤罚懒的劳动分配制度，能够充分调动员工的积极性和创造性。具体收费人员的考核与评价，不同的高速公路管理公司有不同做法，但计算机辅助收费系统的广泛应用，为收费人员的跟踪、考核与评价创造了极为有利的条件。考核过程与方法较大限度地排除了人为因素，具有较好的客观性。在考核过程中，还应按照考核目的，分析总结考核结果，发现问题，进一步修改和完善考核内容和标准。

四、稽查管理

（一）稽查的职能作用

高速公路收费的稽查工作是高速公路管理部门为保证国家收费政策和法规得以认真贯彻执行而采用的一种内部经济监督活动，它具有十分重要的作用。稽查的主要作用有以下几个方面。

（1）稽查的威慑作用使被稽查人员产生一种心理效应，强化收费管理工作。通过稽查和正面宣传教育，提高收费人员及过往驾驶员遵纪守法，照章收费、缴费的自觉性，从而保证收费任务的完成。

（2）稽查有利于收费队伍的廉政建设。内部稽查促使收费人员不断提高思想觉悟，防止违法乱纪行为发生，不断促进收费队伍素质的提高。

（3）保证和促进收费管理工作各项制度的落实和管理水平的提高。收费管理部门的稽查促使其按照收费管理有关规定和财经纪律，做好收费票卡发放、票据结算、票款解缴、账表等基础工作，达到以查促收的目的。

（二）稽查组织和人员纪律要求

1. 组织形式

稽查队伍的建立，可根据收费机构的组织情况，分级建立稽查网络，采取上下结合、专兼结合。局（处）应成立稽查主管机构，负责管理稽查的日常工作。其下属各级机构均应建立相应的专兼职稽查组织。收费站及各收费班组应以自查为主，发现问题，及时整改。

2. 人员要求

稽查人员应具备一定的基本业务素质，熟悉掌握各种车型的识别和收费标准，经过专业培训后方可上岗执行公务。稽查人员还应具有一定的政策水平，要了解和掌握有关收费工作的政策规定，严格执法；具有一定的表达能力和沟通能力，善于做好说服教育工作；具有较好的身体素质，适应高速公路全天候的稽查工作；具有独立处理和解决问题的能力，判断准确，处理得当；具有较高的政治素质，不怕苦，不怕累，不怕打击报复和冷嘲热讽，敢于同违法乱纪行为做斗争。

3. 纪律要求

高速公路稽查工作是高速公路管理部门的对外窗口之一，稽查人员的一言一行直接影响高速公路收费管理部门的声誉和形象，因此要求稽查人员在执行公务时应自觉执行国家各项法规、政策规定；严格按照高速公路有关规章制度办事，不得超越稽查工作职权范围；不得乱扣车、乱罚款；着装整齐，佩戴稽查标志，执法证件齐全；做到文明稽查，恪守职业道德，正确使用稽查语言，举止端庄，动作规范，处理问题实事求是，以理服人，自觉维护高速公路收费、稽查人员形象；不断提高自身业务水平和稽查工作质量。

（三）稽查的方法

1. 定期稽查与不定期稽查相结合

各收费站、班组应建立定期稽查制度，上级收费管理部门则一般采取不定期稽查，以便及时发现问题。

2. 稽查与自查相结合

各收费班长应在班内开展经常性的自查互查，不断提高收费人员政治、业务素质，上级收费管理部门应在此基础上组织稽查，推动收费管理工作。

3. 专业稽查与兼职稽查相结合

除上级主管部门进行专门业务稽查外，其他业务管理干部也应学会并参与稽查，这样做不仅加大了稽查力度，也可使管理干部充分熟悉收费业务，协助收费工作的开展。

（四）稽查的内容

收费公路的稽查工作分为内部稽查和对外稽查。

内部稽查工作包括如下几点：

①检查收费亭内有无闲杂人员，收费票证、用具、通信设备、警械是否按规定摆放，并且完好。

②收费人员着装是否整齐，文明服务是否符合要求。

③收费员有无作弊问题。

④收费人员下岗后票款结算情况，所留周转资金是否超出规定限额。

⑤检查票务工作、票款、账目是否日清日结。票据领发、保管、使用、核销等手续是否齐全，有无发生丢失票证现象。票证填写是否齐全、准确，有无涂改。退票、退款是否按规定手续办理。

⑥各种账目、报表是否准确，报出是否及时，记账是否符合规定，是否做到账证相符、账账相符、账款相符、账表相符，所收钱款是否及时送到银行。

⑦各项基础管理工作是否健全，安全保卫工作措施是否落实。

对外稽查工作主要有如下几点：

①核对其车型与行车里程，考核收费是否合理。

②拦截闯口车辆。

③检查车主缴费收据是否齐全，无收据时要与收费人员查对。

我国高速公路收费工作逐步采用计算机管理之后，由于其系统设计的严密性和收费站上秩序的逐渐好转，收费人员的违纪现象及闯口车辆也在不断减少，很多地方的收费稽查重点已开始向设备维护和文明服务等内容转移。有的收费部门将出入站口的交通疏导、安全保卫等与稽查工作结合起来，使稽查工作增添了很多新的内容。

五、大数据技术在高速公路收费站管理中的应用

我国的大数据技术应用日渐广泛，为社会管理和个人工作等各个行业带来巨大的变化。高速公路收费站具有数据更新流量大、规模广、价值密度低等特点，在高速公路收费站管理工作中应用大数据技术，能够有效提高工作的规范化水平，提升工作效率，增强服务的准确性和管理效果。

（一）收费站与大数据的技术关联

目前，收费站管理主要包括收费管理、财务管理、人力资源管理、后勤保障管理等方面。

收费管理主要是针对高速公路各个路段的收费站设置、设备管理、人员安排等方面。财务管理主要是针对高速公路收费站的日常成本管理、日常维护管理等。

人力资源管理主要是对各工作人员的专业水平、岗位设置、班次设置与调整、人员薪酬福利管理等内容。后勤保障管理主要包括物资采购、设备维护采购，以及财务报账等工作内容。

高速公路收费站收集的信息数据很多，车辆进入收费站领取通行卡时通过车辆碾轧线圈的动作唤醒相机，为车辆拍摄图片，并以此作为车辆进入收费站后的第一组数据，随后发卡员通过计算机的录入操作记录整个通行卡的发放过程。此时收费计算机将车辆牌照号码，以及抓拍图片和通行卡卡号记录并存储在指定的空间之内，以备车辆缴费时调用。整个过程作为数据信息被收费计算机收集存储。

车辆缴费时再进入车道，会通过碾压线圈的动作产生相应的抓拍图片。同时，自动识别牌照信息与图片，按照之前收集的相关数据信息调取比对，通过计算机算法判断出口车辆是否与入口车辆相匹配，核实后，由计算机读取通行卡内包括卡号、上路时间、入口收费站等信息，用收费计算机快速计算行驶里程和应缴费用，最后完成车辆缴费。收费站通行车辆会有视频监控设备识别、记录车辆相关信息，作为车辆通行凭证，并在车辆通过下一路口视频监控设备时形成对应的记录通行轨迹，以此为依据掌握车辆通行轨迹的位置信息，进而实现数据信息存储。

ETC用户车辆通行时，实现专用车道的自动数据信息获取和存储数据。

（二）大数据在收费站管理中的功能

1. 财务管理和票证管理

高速公路收费站每天接触大量的收费项目，财务管理内容极为繁杂。财务票证工作方面包括收费站所有支出项目和收入项目的票据证明和入账录入，同时有关车流量、发卡量、收费额、ETC车流量、绿色通道车辆，以及超载车辆等涉及的票据、使用记录等数据信息，都需要做出及时的记录和整理。这些内容占据高速公路收费站财务管理的大部分工作。如果通过人工处理，需要耗费的人力与物资极为庞大，因此必须实现财务管理的数据化、信息化与智能化。

2. 内部管理和人力资源管理

高速公路收费站内部管理工作主要涉及公文办理和内业资料的收集整理及安全生产、人力资源管理和党政建设等工作。高速公路管理人员数量较多，日常工作时产生的信息数据量极大，需要收集、整理和储存。

3. 后勤保障管理

收费站的后勤保障主要工作内容包括收费站物资采购、设备采购、车辆设备维护、高速公路养护设备维护和材料采购等，也会产生大量的数据信息，例如支出凭证、采购单据、账目实际比对、记录、核算、预算等内容都需要存储和整理收集。

收费站的工作内容中包含大量的数据信息，科学有序地处理各工作之间的关系及大量的数据分析，是目前高速公路收费站的工作难点之一。为切实提高高速公路收费站工作效率和工作质量，以及对数据信息处理分析的准确性，必须建立科学化、信息化、数据化的信息数据处理平台。

（三）大数据技术在收费站管理中的应用途径

1. 明确划分各管理项目类别

要想实现大数据技术在高速公路收费站的实际应用和数据平台的构建，首先要根据不同业务属性和不同类别项目将数据分类，并针对收费站各个业务范围和项目内容，构建不同数据信息功能和分类数据库。目前，对于大数据信息处理平台的构建，全部业务可以分为收费发卡业务、后勤保障业务和办公室人力资源管理业务三部分。以此为依据开设平台功能分类和不同服务功能端口，并针对职位和岗位划分功能窗口和管理者身份，可确保大数据信息数据处理平台的功能明确，并保证运行效率。采取多技术平台实现站内资产实时管理要充分发挥数据库技术模型的作用，将传统计算机存储数据进行大范围和准确的分析处理，使其成为新数据技术平台的信息构建基础。利用数据处理功能强大的平台系统实现智能化收费和自动化办公的效率提升，特别是针对收费发卡数据模块的构建，需要将平台与监控视频和抓拍设备的信息日志记录分开存储。同时，以数据集成技术的有效整合和转换为基础，建模分析，实现通行车辆相关数据的准确判断。收费站的站内资产也能在平台上做出相应的数据信息统计，实现清晰化的财务管理。

2. 结合高速公路 ETC 服务应用大数据

ETC 快速通行卡用户是实现智能化高速公路收费功能的基础，完整记录了用户使用的信息，并利用计算机算法进行用户历史路线、消费金额的准确记录和数据存储。同时系统也能够利用以往的数据信息，为用户快捷推送目的地路线，以增强用户体验，这些功能都需要借助大数据技术的强大功能来实现。

3. 合理运用大数据技术优化运营管理

在大数据平台的技术支持下，可以通过调用路面监控视频、自动预测车辆密度等方式收集和分析数据，并以此数据为依据预测通行路况信息，使高速公路指挥调度中心真正发挥调度指挥车流的功能和作用。此外，随着"路警一体化"等运营管理方式的创新应用，以及其他联合单位数据处理水平的不断上升，也能够将其与大数据技术平台设置联网，并实现及时沟通和信息互通，最大限度地提高高速公路管理水平和收费站数据处理功能，最终达到优化运营管理水平的目的。另外，收费站也能够通过大数据技术平台掌握通行车辆的相关信息，为整体的运营管理带来更好的效果。

（四）科学构建应急资源调度大数据平台

通过对高速公路收费站车辆通行信息及路况信息地收集、整理和分析，实现应急资源调度最大限度的合理化，这也是构建应急资源调度系统的目的之一。通过设置紧急程度数据列，实现对紧急程度的数据直观比对，并通过紧急程度由高到低启动相应的应急措施。尤其是针对高速公路中所发生的重大交通事故、道路堵塞情况、道路通行受阻、高速公路受损等紧急情况，实现整个应急过程的信息快速传递和启动应急处理预警与数据方案的调用，迅速做出反应，使整个救援工作有条不紊地开展，并快速做出反应，确保高速公路恢复畅通运行，提升高速公路收费站工作效率。

第四节　高速公路联网收费管理

一、联网收费概述

（一）高速公路联网收费的必要性

随着高速公路投入运营里程的不断增加，高速公路路网日益显示出它的规模效益，同时也给高速公路的运营管理提出了管理理念时代化、管理设施现代化、管理手段科技化、服务水平标准化、服务方式多样化，以及统一集中管理的要求。高速公路联网收费是高速公路收费模式发展的必然趋势。高速公路联网收费的意义和必要性在于以下几个方面。

（1）提高了高速公路的使用效率，提高了车辆通行能力，缩短了行车时间，充分发挥了高速公路高效快捷的特点。

（2）提高了高速公路收费管理水平，减少了许多中间主线站收费，降低了运营成本，堵住了收费管理的漏洞，防止资金的流失。

（3）对全路网进行监控，大大提高了指挥处理突发大型交通事件的能力。

（4）提高了高速公路服务质量，方便车辆通行，使车辆运行更加快捷、安全。

（5）节约收费站和各种设备的投资，减少收费员的开支。

（6）减少车辆停车的次数，从而减少汽车尾气排放，减少环境污染。

（7）解决了目前其他收费模式的诸多问题，有效处理了高速公路服务与收费的关系，扭转了人们心目中的高速公路到处设卡收费的不良形象，产生了巨大的经济效益和社会效益。

（二）高速公路联网收费的条件

从根本上说，联网收费必须有政策的支持，以达到联网收费、减少收费站点及停车次数的目的。由于各条高速公路的建设时期、设备、投资者均不同，导致各路段收费系统的技术标准不统一，联网收费也给路网内各公司的管理及建设带来一定的挑战。联网收费的实现应满足以下的要求。

1. 收费制式和收费方式统一

高速公路联网后，对外呈封闭状态，因此，联网收费应采用封闭式收费制式，即入口发卡、出口验卡缴款的收费方式，以便合理地收取通行费。省域联网收费仅在两省交界处设立主线收费站，省内路网中在匝道的出入口处设立收费站，形成省域封闭式联网收费系统。车辆进出路网只需一次领卡、一次交卡缴费，即"一卡通"。在联网收费系统中，为了提高联网收费系统的运行效率，规范收费操作流程，便于统一收费信息格式，联网收费系统应采用统一的收费方式。

2. 通行券统一

通行券是封闭式高速公路收费系统中一个重要的部分，是必不可少的信息载体，出口收费员根据通行券上记录的信息收取车辆的通行费。因此实现联网收费，必须统一通行券并选择一种大信息容量、不易伪造、价格便宜、不易损坏、读写设备易维护且操作简单的通行券是非常重要的。

3. 车型分类统一

合理的车型分类有利于减少纠纷，增加交通量，提高经济效益。基于"一卡通"联网收费考虑，高速公路网内必须采用相同的车型分类标准并且利于收费员判断，以使得同一种车经过每个出入口车道，车型判别保持一致。

4. 收费系统信息格式的统一

联网收费系统应制定统一的信息格式标准，信息格式应符合《高速公路联网收费暂行技术要求》，收费信息格式的统一包括以下内容：数据记录格式的统一、事件编码的统一、通行卡编号标准的统一、收费站编号标准的统一、收费管理报表的统一、加密方法的统一。

5. 明确的收费标准和公正的收费结算中心

联网收费的各道路必须有明确的收费标准，才能进行通行费的清分，在车型一致的前提下，可根据各条路的投资和交通量、还贷年限等因素，制定不同的收费费率标准。对于行驶距离短的道路，可采取最低收费标准（也就是起步价）的方式以照顾业主的经济效益，最低收费标准的制定必须考虑用户的承受能力。此外，还要建立一个具有公正性和权威性的收费结算中心，对各公司的通行费进行结算和清分，保证各公司的公平收益。

6. 路径判断原则的统一

联网收费中的一个重要问题是路径的识别。当路网形成网格状时，相同起点和终点间会出现不同的线路走法，这样就会产生二义性路线，司机会视具体情况选择不同的行驶路径。为合理收取通行费，保护投资者的利益，应解决路径识别的问题，确保路径判断原则的统一。

二、联网收费系统的构成与功能

由联网收费系统的总体框架可知，联网收费系统由联网收费结算中心、收费分中心、收费站与收费车道四个子系统构成。

为实现联网收费的目的，各个子系统应具备相应的功能要求。

（一）收费结算中心的功能

收费结算中心是联网收费系统最高的管理机构，它的功能可划分为基本功能与扩展功能。其基本功能有以下几点。

（1）制定和下传联网收费系统运行参数（收费系数表、时间同步、系统设置参数等）。

（2）接收收费站、收费中心上传的收费交易原始收费数据并对通行费进行拆分和复核，与指定银行进行账目信息交换和通行费结算、账务分割。

（3）对高速公路联网收费进行实时管理，如联网收费系统操作、维修人员权限的设置与管理。

（4）各种报表以及数据存储、备份和安全保护。对通行费进行清算与拆分，并通过银行进行通行费资金的划拨。

收费结算中心的扩展功能主要根据收费方式的不同而进行相应的扩充，当联网收费系统采用非接触 IC 卡进行收费时，结算中心需要扩充 IC 卡通行权的发行、配送、使用监控功能；当采用预付卡收费时，系统需要增加预付卡黑名单管理，与预付卡发行商业银行进行数据交换以及扩充预付卡收费金额的财务分割功能；当采用电子不停车收费时，结算中心应相应追加电子标签黑名单的管理，与电子标签发行商业银行进行数据交换以及增加电子不停车收费金额的财务分割模块，与其他两种收费方式不同的是，采用电子不停车收费还需要增加客户服务功能，提供销售、安装、维修管理、资料查询服务。

（二）收费分中心的功能

收费分中心设置在各高速公路路段，负责所辖路段的收费管理工作，协调各收费站与联网结算中心的数据与指令。其基本功能有以下几点。

（1）接收和下传联网收费系统运行参数（费率表、黑名单、时间同步、系统设置参数等）。

（2）准确可靠地收集管辖区内每一收费站上传的原始收费数据与资料，将其上传给联网收费结算中心。

（3）票据管理和联网收费系统中操作、维修人员权限的管理。

（4）数据库、系统维护与网络的管理等。

（5）数据、资料的存储与备份和安全保护，抓拍图像的管理等。

（三）收费站的基本功能

（1）查询与管理收费车道，实时采集收费车道每一条原始数据。

（2）对收费车道的运行状况进行实时检测与监视，具有自动检测系统故障功能。

（3）向收费分中心与收费结算中心传输收费业务数据，接收收费分中心下传的系统运行参数并下传给收费车道。

（4）收费员录入班次收费额，值班员录入欠罚款和银行缴款数据，进行票据（收据、定额票）管理，对于在收费站进行通行费拆分的收费系统，需要增加通行费拆分管理功能。

（四）收费车道的主要功能

1. 实时控制功能

（1）车道控制机通过控制通行信号灯和自动栏杆，允许车辆通行。

（2）完成正常收费作业显示、打印功能。

（3）设置自动报警，以备紧急事件和设备故障的发生。

2. 实时信息处理功能

（1）记录收费员、维修员上下班情况和身份密码。

（2）根据不同车型，按行驶里程收费。

（3）记录每辆车的收费信息，包括车型、收费金额以及是否为特殊处理等的情况。

（4）实时显示周围设备的工作状态，并记录设备维修情况。

（5）所有信息数据保存一段时间以作备份，时间可调。

3. 抓拍图像功能

出入口车道在特殊情况下（出入口车型判别不一、免费车、冲卡车等），自动抓拍车道图像。

4. 数据通信功能

（1）接收收费站下传的系统指令。

（2）定时上传收费站本车道的工作数据和设备状态，并能实时报警。

三、高速公路联网收费管理模式

高速公路投资主体的多元化，使得我国高速公路的管理体制比较复杂，既有省政府直接授权并领导的高速公路，又有省高速公路管理局直接管理的高速公路，还有企业法人投资建设并管理的高速公路。随着高速公路的不断建成和互联互通，分割路网、机构重复、低效运行的缺陷逐渐暴露，也给高速公路联网收费系统的建设和运营管理带来巨大的困难，造成资金和人力资源的极大浪费。如何协调各管理主体的不同要求，兼顾公路服务的公益性和维护经营者的合法权益，成为高速公路联网建设中必须正视和解决的问题。根据适应高速公路经营管理实行企业化运作的发展方向和要求及已建立联网收费系统省市的成功经验，在联网收费系统的建设中，应坚持政府牵头组织协调，以企业为主体的建设、管理模式。这样既有利于维护各经营主体的合法权益，又可以调动其建设的积极性，推进高速公路联网收费的发展。

（一）联网收费协调管理部门

针对目前我国联网收费牵涉到不同的路段业主、投资主体或管理单位的现状，可采用在各省成立高速公路联网收费协调管理委员会的方式。协调管理委员会成员由路网内各路段业主、投资主体和管理单位按各联网单位收费里程或收费总额按比例分派。协调管理委员会是一个非营利性的跨单位的行业服务单位，其职能是负责高速公路联网收费的运行管理、重大问题的决策、协调网内各单位的联网收费工作，而协调管理委员会与政府交通主管部门的关系是：协调管理委员会在省交通厅的指导和监督下规范运作，自觉接受交通主管部门的行业管理，重大决策和无法协调的问题由交通主管部门裁决。

（二）联网收费结算中心的组建模式

目前，国内联网收费结算中心的组建主要有四种模式。

1. 省交通厅主管部门管理的事业单位性质的结算中心模式

这种管理机构具有较强的政府职能，但高速公路企业化管理已经是一种必然的趋势，在联网收费工作多路段业主、多投资主体或多管理单位的省份，不一定能体现其公平、公正和公开性，容易产生许多不必要的矛盾和摩擦，同时这种管理模式主要靠行政调解，与政企分开、事企分离的原则不符。

2. 企业性质的单位

它是由高速公路集团公司等类似的单位管理的结算中心，在运作上完全属于企业行为，在行业上由交通厅领导，交通厅只具有行业指导和监督功能，这种模式仅适合有一两家集团控股的省市，其在管理和通行费拆分过程中没有公平与否的顾虑。

3. 独立的股份制形式

独立的股份制形式即联网结算中心由路网上各管理单位以股份制形式组成。上海和无锡跨省市的公交一卡通的成功运作模式表明上海全由城市公交、出租、地铁、高速公路轻轨等交通部门自愿组成的公共交通卡公司，完成公交一卡通的运营管理、拆分清账管理等工作。这种模式比较适合路网上多管理单位的省市。

4. 由省高速公路管理局下属的部门进行联网结算管理

因省高速公路管理局属于交通厅管理，在高速公路管理局下设联网结算中心从体制上来讲比较方便，辽宁等省就采用这种模式。

（三）联网收费结算中心的资金结算模式

归纳起来，资金结算模式大致有全额划拨和差额划拨两种形式。

全额划拨是一种集中式处理模式，形式是路网上每个收费站当天的收费额在规定时间上缴到由联网收费结算中心指定的结算账户上，上传各站的收费数据，联网收费结算中心在收到所有收费站的收费金额和收费数据后，进行统一的清算和拆分，然后划拨回各收费站的银行账户。但集中式处理模式最致命的缺点是，路网上任何一点软硬件若发生故障，就不能保证及时地上传，从而完成不了清算和拆分；另一个缺点是对联网收费结算中心和路网上的软硬件系统的要求非常高，系统建设规模庞大。而且当系统运行若干年后，因某一网络节点的设备发生故障，将不能保证全路网的及时清算和拆分。

差额划拨是一种分布式处理模式，路网上每一个收费站当天的收费额存在各自的银行账户下，只是将各车道每一笔收费数据实时上传到联网收费结算中心，每完成一笔收费额或在规定时间内，就可在站级车道完成清算和拆分，然后在各路网管理单位进行差额划拨，联网收费结算中心只进行校核和监督，避免了全额划拨资金在银行之间的来回周转。这种模式较适合路网多管理单位的情况，结算中心属于企业性质，符合高速公路企业化运作的趋势，能较好地维护路网各管理单位的利益。

（四）联网收费结算中心管理经费来源

联网收费结算中心负责在联网路段内，将同一时段内所收通行费准确清算和拆分给各路段。该机构的运营经费在国内目前有三种：一是由交通主管部门成立的事业性机构，运营经费来源由交通主管部门承担；二是由交通主管部门成立的事业性机构，运营经费由联网路段管理单位分摊；三是由联网路段各管理单位共同组成的企业性单位，运营经费由各联网单位共同承担。第三种方式已被多数省份采用，因为它有如下优点：第一，联网收费结算中心是由路网各联网单位共同派员组成的机构，运营经费共同分担不会产生异议；第二，路网各联网单位共同派员组成的机构，有利于公开、公正、公平、准确、及时原则的实施，并能减少路网各联网单位利息损失，机构的运营经费有保障，各联网单位相互信任，没有心理负担。

四、高速公路联网收费系统的安全管理

在当前环境下，高速公路收费站网络发展更加全面，但由于工作较为烦琐，网络收费系统所面临的工作压力较大，每天都需要处理海量的数据信息，是整合高速公路数据的重要载体。因此，在未来的发展环境中，系统网络安全是工作人员需要重点思考的问题，根据实际情况更新升级系统，或者引进更加先进的安全收费设备，从根本上提高联网收费系统安全性。高速公路利用现代化的科技手段建立网络系统，可以在最大程度上实现资源信息的共享，切实提高了收费工作效率。但是，由于网络环境较为复杂，如果存在恶意的攻击或者是操作失误的情况都会给整个系统带来严重的损失。因此，网络安全是保障联网收费系统正常运作的根本前提，只有确保足够的安全性才能促进系统的稳定运作，提高网络信息的保密性、完整性和实用性，真正促进高速公路领域的良好发展。

（一）高速公路联网收费系统面临的安全问题

首先，网络链接存在安全风险。高速公路在应用网络系统的时候能够提供业务宣传服务，切实促进了公司用户和外界的往来，可以为异地办公移动用户提供相应的服务。但是这也在无形之中导致高速公路用户的办公网络需要更加开放，网络系统期间不可避免地会遭受外界环境的恶意攻击，存在较高的病毒感染可能性。

其次，在内部网络中收费业务和办公系统存在着较强的关联性，如果没有设置合适的访问控制权限，则很有可能导致内部重要消息泄露出去，网络系统遭受到非法攻击，尤其是内部攻击问题更加难以防范和解决。如果内部工作人员在无意间越权访问系统，则十分容易造成重要信息的泄露，同时，也可能存在盗用其他用户 IP 的非法操作来隐瞒自己的身份，利用存储设备在计算机上拷贝重要的信息资料，或者将非网络区域内的计算机接入内部网络中。

最后，收费广域网络连接存在安全风险。联网收费系统已经逐步建立，各类收费中心经由专网进行连接，网络逐步成为物理层面上的广域连接网络系统，工作人员应该考虑下述内容。第一，专用网络通信加密。收费广域网本身是大型的专网，连接点数量众多，黑客很可能借此机会进入收费系统中截取或者篡改其中的数据，这对于网络环境的破坏程度是不可估量的。第二，入侵检测系统。从网络系统应用层面来看，收费系统的广域网络系统实际上属于内部网络，存储了几乎所有的收费信息，由于存在不同的应用目的而被众多对象使用。在网络环境中需要设定较好的方式手段设定内部用户的信息资源访问限制。此外，企业内部所需要面临的攻击是不可忽视的，一旦攻击成功会获取到大量内部机密信息，防火墙的设置虽然能够防止外部用户访问，但想要做好内部用户控制就需要积极引进入侵检测系统。第三，三级安全管理。联网收费网络在物理上具有较为广泛的分布，不同业主分支机构或者部门具有相对独立的管理网络，安全管理工作实施期间容易出现差异性，继而出现安全漏洞问题。所以，安全系统在建设的时候需要进行统一规划，使其具备三级安全管理功能。高速公路收费系统工作性能虽然已经更为成熟，但只有处理好上述问题后才能够真正提高收费工作质量，进一步强化高速公路收费系统安全建设工作，建立安全预防机制。

（二）高速公路联网收费系统安全防护措施

1. 保证操作系统安全运行

联网收费系统在应用的过程中需要保证主机操作系统能够在监视空间中流畅运行，在操作系统期间需要安装新型的程序补丁，依据层级权力的大小设置硬盘访问权限，系统需要关闭共享链接的功能。利用关闭服务器或者端口的方式，可以实现终止访问操作系统。有必要的情况下需要设置具有较高强度的密码，并定期更换，有效防止密码被他人破解。在改进系统监控功能后，使用人员可以及时察觉到系统在运行期间存在的漏洞，及时向操作人员发出警报，相关工作人员可以在第一时间根据实际情况制定出适合的解决措施，将其中所涉及的财产损失降到最低。

2. 做好路段中心安全防护

路段中心参照保护等级开展建设工作，依据业务需求划分出各种安全区域，如收费业务区域、视频业务区域或者办公区域等，每个区域都需要设定好防火墙，并开启使用防毒模块。在实施安全管理工作的时候还应注意做好漏洞扫描、终端管控、堡垒机设备保护等工作，这样才能够让保护等级达标。

3. 提升网络安全管理质量

收费网络系统想要得到更强的安全性就需要不断进行改进和革新，工作人员根据系统短板开发设计更加符合既定需求的安全系统，保证相关人员在执行工作任务的时候能够严格遵守收费操作要点，并自主自觉维护控制制度。网络安全管理系统需要确定各层级计费单位的实际管理能力，并划定安全管理区域，进而制定切实可行的规范操作流程，针对技术人员出入空间建立专门的管理系统，确定最终的网络操作流程。

4. 保护好收费站和 ETC 门架系统

建立收费站和 ETC 门架系统时需要严格参照网络安全等级保护所规定的内容加以确定，斟酌考虑好安全通信网络、安全计算环境以及安全区域边界这几个方面的保护需求，也需要思考外场设备的物联网属性，并根据所了解到的信息给予适当的保护。其中，ETC 门架系统需要与收费站共同使用安全的网络环境。在收费站网络环境中应该设定防火墙以及终端控制系统，并自动生成工作日志，使用适合的审计设备，在系统中安装防护软件，通过人工加固的方式提升基础配置性能，保证其能够达到三级保护要求。

5. 建立安全可靠备份系统

在开展联网收费工作的时候，其中的重要数据信息都会存储在数据库中，系统在使用期间一旦存在崩溃或者是操作失误的情况，都会导致数据的丢失或读取工作的失败，情节严重时还会使整个数据库遭受严重破坏，系统随后会进入瘫痪状态，严重影响收费工作进度。所以，在发展的过程中需要建立更加安全可靠的数据备份系统。建立安全备份系统可以保证数据的安全性，系统可以设定为双重备份模式，这样不仅可以将数据保存在盘库中，还可以通过使用一些移动介质对数据加以保存。在备份期间应该以盘库为主，每天的数据增量和每周的全备份方式应该进行有效结合。另外，为了防止出现一些突发情况导致数据丢失，还可以根据实际情况考虑建设异地灾备系统。高速收费数据信息需要依照车型特点和重量信息判定其是否存在超限情况，这就需要对货车的轴型进行归并处理，由于涉及的工作量巨大，会出现部分数据无法归并的问题或者出现一些需要删除的错误信息。依据这一操作环节可以知晓每种轴型称量的数量，也能够判断分析在一定区域内数量最多的车辆型号，依据车型信息能够判定货车之间的运输距离，并且可以了解到该区域的经济结构特点，能够为促进政府部门开展市场调研奠定坚实的基础。

6. 明确网络安全保障要求

在当今社会中，传统的网络安全分析技术在实际应用的过程中已经无法满足公路工程电气网络安全需求，在面对这种工作问题的时候工作人员需要进行深层次的思考，着重分析公路机械工程网络生成要求，并需要针对网络安全需求进行详尽研究和分析，并需要从以下几个角度加以重点关注。首先，建设内部的审计系统软件，既保证审计工作的效率，还能够防止出现数据泄露或者遗失的情况。其次，设置防止病毒入侵的系统，降低系统遭受病毒入侵的概率，在最大限度地保证网络环境安全稳定性。再次，设置高速铁路网络系统的时候需要进行细致的类别划分，更加精准地布置好防病毒网络系统，针对数据信息还需要构建数据库测试系统，使用网络行为测试环节了解到每个时间节点网络环境安全性，配备设定若干数量的机架和防火墙。最后，防盗监测系统在管辖区域系统中是极为重要的部分，不仅是结算道路交通经营成本的必需元素，其中也蕴含了大量国家级重点文件。只有做好上述工作才能在最大限度地确保公路机械工程收费工作的合理和流畅度。

7. 应用数据传输安全技术

高速公路网络在传输数据的时候需要经过多个层级，在进行数据传输的时候也会有一定概率出现数据丢失的问题，或者需要面临数据被篡改的风险。为了在传输数据的时候保证网络传输的可靠性，可以思考使用加密传输的模式，并对各项数据信息真实性加以核对，保证网络系统中的数据传输工作能够在安全环境中开展。在传输和存储数据的时候工作人员可以选择对一些重点数据实施加密处理，一旦发生突发事件能够避免恶意用户解读窃取重要信息。针对重要数据，如收费记录等信息，需要在表结构中增加验证字段，时间、收费员以及业主代码等都可以成为校验字段，从微观的角度了解到关键数据是否存在违规操作的问题。加密传输设备的应用能够保护不同级别网络传输数据的机密性，设备的应用也可以实现数据的一对一或者一对多的传输，并且具备保持数据完整性的功能。传输数据的同时还可以起到认证作用，确定通信双方的身份信息，确保数据能够安全准确地在系统中应用和传输。

8. 建立完善日常管理措施

在高速公路收费运营地区已经能够将收费网络系统普及的时候，也需要根据当地的实际情况建立相关的管理系统和严格制度，安全管理人员在执行任务期间需要明确自身的职责和主要工作内容，完全按照相关规定完成各项工作。这样才能够在管辖范围内将网络系统进行充分升级改造，也能够借此机会约束各层级管理人员的行为，保证收费系统的安全性。这是收费系统安全管理中必须要保证的内容，也是我国政府部门提出的严格要求。因此，为了能够构建和落实发展目标，一定要确保收费系统安全管理工作质量。系统安全管理人员本身也需要具备丰富的网络问题处理经验，并能够熟知各级管理制度中的具体内容，按照具体要求定期更新系统，实现工作模式的转型升级。安全管理人员还需要紧跟时代的发展趋势，掌握并学习现阶段最新的网络系统知识。管辖区内部的收费网络应该定期设置安装病毒防治软件，从根本上维护网络系统的安全运作环境，最大限度地抵御病毒威胁，任何的操作流程都需要依照所在区域实施个性化设定，保证各项工作都能有条不紊地开展。在收费系统中，需要根据网络设置的要求选择部署机器设备，确保所有数据信息能够顺利统计整合，同时需要做到对病毒的预防，审计系统可以对数据库当中信息加以处理，并促进审计制度的贯彻落实。在使用收费系统的时候还需要依据实际情况安装防火墙，设定好脆弱性检测系统。在其他的管理区域中，管理中心需要根据上级管理中心的要求严格执行各项制度，并做好自我调查和评估工作，生成的结果报告需要及时上报给管理中心。

综上所述，高速公路联网收费系统的运作环境安全性正在被更多的人所重视，在涉及安全防范网络环境的时候需要进行多角度的思考，采取多阶段、多层面的措施，切实减少系统中的不稳定因素。这样才能够确保联网收费系统在更加安全的网络中发挥重要作用，切实提升收费功能效率，实现资源信息的上传和共享，有效拦截病毒攻击，促进高速公路领域的发展。

第五节　高速公路电子收费系统及其技术

一、电子收费系统概述

（一）电子收费系统的定义

电子收费系统是智能交通系统的一个重要组成部分。在电子收费中，广泛地采用了现代的高新技术，尤其是电子方面的技术，涉及无线通信、计算机、自动控制等多个领域。在收费过程中，流通的也不是传统的纸币现金，而是电子货币。由此可见，采用高新科技实现收费电子化是电子收费的一个重要特征，也是它得名的主要依据。

电子收费的重要特征是实现了公路的不停车收费，因此电子收费也称不停车自动收费，这一点是实现系统电子化的必然结果。电子技术的使用实现了收费操作的完全自动化，再加上电子货币的缴费方式，使得使用系统的车辆只需要按照限速要求直接驶过收费道口，收费过程就可以通过无线通信和机器操作自动完成，不必再像以往一样在收费亭前停靠、付款。

因此，可以认为，电子收费是以采用现代通信、计算机、自动控制等高新技术为主要特点，实现公路不停车收费的新型收费系统。

（二）电子收费的特点

电子收费是通过设置在收费站的天线与通行车辆的车载装置之间实现通信与数据交换，自动接收发送有关支付通行费信息的系统。采用该系统，通行车辆不必在收费站停车缴费即可通过，从而提高了收费站的处理能力。电子收费优势明显，它将彻底改变目前半自动收费的窘迫现状，其优势表现在 以下方面：

①方便客户长途旅行。当多条高速公路开通形成公路网络时，区域收费势在必行，以车载识别卡作为通行券，可使客户持卡在路网任何道路行驶而无须停车缴费。

②提高收费车道通过率。与人工收费车道相比，通过率可提高 5～7 倍。

③提高管理效益。可大量减少收费人员，节省 25%～40% 的日常管理费用。

④费额流失减少。不需要未支付通行费而当场准备现金，减少车型判别和收费操作差错，可完全避免收费过程中的舞弊和贪污现象，同时也杜绝人为费额流失。

⑤节约能源。与停车收费相比，车辆燃油消耗降低 15% 左右。

⑥便于信息采集。能够自动采集车型、车号信息，实时反映路况及车流信息，为主管部门提供辅助决策信息。

⑦改善收费站环境。由于不需要停车，从而减少通行车辆的加减速次数，因而可减少车辆在收费站附近产生的废气、噪声以及降低汽车的油耗，达到环境保护的目的。

与传统的人工收费系统不同，ETC 技术是以 IC 卡作为数据载体，通过无线数据交换方式实现收费计算机与 IC 卡的远程数据存取功能。计算机可以读取 IC 卡中存放的有关车辆的固有信息（如车辆类别、车主、车牌号等）、道路运行信息、征费状态信息。按照既定的收费标准，通过计算，从 IC 卡中扣除本次道路使用通行费。ETC 主要特点就是车辆在通过收费站时无须停车进行缴费，理论上可以以 160 km/h 的高速度通过收费站，这在一定程度上可以缓解收费站入口的交通拥堵和交通延误，同时也提高了交通安全性。

二、电子收费系统的构成

电子收费系统结构体系总体可以分为三级：路网级、路段级和收费站级，如

图 2-1 所示。

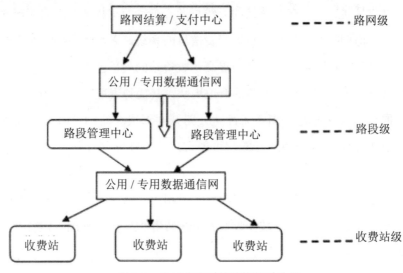

图 2-1　电子收费系统结构体系总体

收费系统主要包括以下步骤：数据采集—数据上传至收费站—信息处理—信息上传至路段管理中心—按时段分类—上传至结算中心。

具体来讲，就是电子收费系统通过微波天线及时采集收费数据，之后将这些数据输送至收费站，收费站经过信息处理后，及时输送到路段管理中心，这时路段管理中心根据计费时段以及计费规则，最终将缴费信息输送至结算中心。

三、电子收费系统的功能及性能要求

（一）电子收费系统的功能分析

电子收费系统的出现为高速公路的使用提供了一个高效的渠道，系统与车主之间的交互联系通过车辆上安装的识别装置完成，以此进行费用的自动代缴，并且该缴费方式将留下详细且易于保存的明细数据。目前我国建设的收费站以 ETC、MTC（manual toll collection，半自动收费系统）合建为主，且人工车道仍占据主导地位。但总体来说 ETC 车道的投入对于我国收费站管理有了显著的改善，收费站的人工投入得到有效减少，且车主使用更为便捷。

根据车辆是否装有 OBU（on board unit，车载单元）识别装置，可将车辆分为 ETC 车辆与非 ETC 车辆。ETC 车辆可以通过 ETC 车道与 MTC 车道，但非 ETC 车辆仅可通过 MTC 车道进行人工缴费，通行效率较低。ETC 车道的自动代

缴功能通过车主持有的CPU卡来实现，目前流通的CPU卡主要为双面双CPU卡，其不仅可以应用于高速公路快速通行，还兼具普通银行卡的功能。当车主不想使用ETC功能时可对该功能撤销，但不影响CPU卡上其他业务的使用。

对于收费站的工作人员而言，其主要的工作可分为两大部分，分别是系统操作与系统管理。工作人员的系统操作通过收费站内置的计算机进行键入、读取，工作内容包括当前站点及其附属路段的道路情况、收费业务、设备状态等。而系统管理工作主要包括了工作人员的在岗状况、MTC车道收费、意外故障的处理。收费站的工作人员根据其工作内容不同可大致分为两类，一类是负责站点收费工作的收费人员，而另一类主要负责站点相关数据、装置等的处理，包括设备的定期检修、收费站收费数据的实时上传以及向收费车道下达指令。

（二）性能需求分析

电子收费也常常被称为不停车收费，即车辆上下高速公路不停车即可完成收费。由于其具备更高的通行效率以及更低的运营成本，已经成为智能运输系统中核心的一部分，以期能够优化高速公路收费系统。ETC系统在组成上集成了自动化控制、智能识别、通信网络等多种高新技术，并将其综合应用到收费装置上形成ETC车道。ETC技术的实现依赖于OBU和RSU（road side unit，路侧单元）两个部分的协同配合。

OBU即ETC技术的车载单元，其使用5.8 GHz频段的通信微波，能够提供远距离的通信服务，通信速度可达250 Kb/s，且支持多种技术标准，也支持通信协议对IC卡的接触式访问。OBU兼具有多种功能，除了不停车收费功能外，还可用于交通记录、通行管理等。除此之外，信息提示方式也较为多样，包括屏幕显示以及蜂鸣器发声等。

RSU即ETC技术的路侧单元，根据其天线数量可大致分为单天线通信以及双天线通信两种。单天线通信又可分为短通信区域系统和长通信区域系统两种。短通信区域一般位于ETC车道自动栏杆前1～6 m的范围内，若其高度设置在1 m左右，则有效通信距离约为4 m；若被设置在2 m左右，则有效通信距离约为3 m。若采用短通信区域系统，则ETC车道最高效的通行速度在30 km/h左右。长通信区域一般位于ETC车道自动栏杆前2～10 m的范围内，相较于短通信区域系统其对通行车速的要求更宽，可达到 60 km/h。

四、电子收费系统的关键技术

电子收费系统在实际应用中主要是通过车辆的 IC 卡将车辆的 AC 数据与收费系统计算机相连接，从而借助相应的先进技术完成收费这一过程。在整个过程中，首先是装载可以储存和记录车辆信息的电子标签 OBU，当车辆经过收费站时，借助微波天线来接收电子标签所传递的信息，并将其输送到收费车道机中，从而实现车辆信息的识别，并根据车辆的行驶路线和行驶状况，从车辆账户中扣除通行费用。当交易完成之后，车道栏杆抬起，放行车辆，当车辆通过之后，栏杆自动落下，整个收费过程不需要停车等待，是一种全自动的收费模式。在电子收费系统的实际应用中使用到自动识别技术、专用短程通信技术、数据库技术、车辆检测技术等相关技术。

（一）自动识别技术

自动识别技术可以定义为借助识别装置以自动获取被识别物品的相关信息，从而提供给计算机来处理，并完成后续相关操作的一项技术。自动识别技术又可以作为计算机、光电通信和网络技术的集合体，能够有效实现全球范围内物品跟踪与信息的共享、实现人与物体之间、物体与物体之间的交流。作为电子收费系统的技术核心，自动识别技术，能够实现对车辆的正确识别和判断，为自动收费工作的顺利开展提供有效保障。而借助微波天线实现与车辆之间的感应，有效获取车辆的车型、车牌、车辆大小、座位数等相关信息，为收费工作顺利开展提供保障。在自动识别技术的实际应用中，主要是在不停车的情况下，利用射频天线自动识别车辆的出入信息，同时还可以将自动识别技术应用到车牌识别中，有效掌握车辆进出高速公路的相关信息，并将其传至管理计算机，为计费工作提供相应的数据支持。

（二）专用短程通信技术

电子收费相较于人工收费最大的优势就是不停车，而该功能的实现则主要依赖于专用短程通信。该技术在车载单元与路测单元之间建立起了信号传输的渠道，以此来完成不停车收费。专用短程通信（DSRC）技术可以在一块狭小的区域内精准识别高速物体，并快速建立"车—路"或者"车—车"之间的交互通信，完成图像、音频、数据等的实时读取与写入。在电子收费系统中，该技术可以在车辆与车道间快速建立通信，对车主的 CPU 卡进行代缴扣款。专用短程通信的实现是在 RSU 与 OBU 之间建立起双向通信协议，其可以专用性识别且实时传输。

（三）数据库技术

数据库技术是通过加强数据库结构、设计和管理及应用基本理论和实现方法的研究，实现对数据库中数据处理、分析和理解的相关技术。在电子收费系统运行过程中会产生大量的数据信息，为了能够将这海量的数据信息有效地保存起来，可以利用数据库技术，利用结构简单、稳定性强的数据库提高数据存储的能力，通过加强数据库技术的使用，实现数据的批量处理，提高 ETC 收费系统的工作效率。

（四）车辆检测技术

在电子收费系统的实际应用中，车辆检测技术的使用能够有效获取车辆的相关信息，加强车辆信息的识别等相关工作，保障收费工作能够高效、稳定地开展。车辆检测技术的使用，可借助射频识别技术实现车牌信息的识别，并将相应的信息传送至后台，从而完成扣费、抬杆等相关工作。目前，线圈检测、视频检测、微波检测、红外线检测等多种车辆检测技术已经得到广泛的使用，感应准确度得到明显的提升。而在车辆检测技术的实际应用中，要综合考虑到其实际的应用需求，以及不同车辆检测技术的特点，选择合适的检测技术，有效提升车辆检测结果的准确性和有效性，加强车辆信息识别等相关工作。在我国电子收费系统的发展过程中可以适当延长 ETC 车道的长度，加强车道管理，提升收费工作的效率。

五、电子收费系统的收费流程

高速公路电子收费系统的收费流程如下：由计费系统自动计算车辆的通行费用，在车辆上高速公路时开始通行费用的计算，在车辆行驶过程中由专用设备对车辆的通行费用进行核对，并由收费站最终结算。通行费用的计算效率和核算过程的准确性较高，能够对车辆的通行费用进行快速核实，使车辆通行费用的计算达到结算要求。参考车辆通行费用的计算经验及车辆通行费用的计算要求，高速公路电子收费系统的费用计算流程符合车辆通行实际。参考车辆费用的结算实际及车辆收费的具体情况，高速公路电子收费系统还要在车辆费用计算环节提高收费流程的针对性并简化收费流程。

　　封闭式 MTC 收费方式是目前我国高速公路收费的主流模式，ETC 收费方式是 MTC 收费方式的辅助，例如某省采用"两片式电子标签 + 双界面 CPU 卡"作为通行卡，目前已在该省高速公路得到广泛应用，用户将通行卡插入汽车挡风玻璃前安装的车载机（OBU）内，可实现不停车通过 ETC 车道，也可使用通行卡在 MTC 车道进行入口刷卡、出口用卡缴费的操作，这种组合收费方式是适应我国国情的收费方式，也是高速公路收费站行之有效的收费方式之一。

　　现金支付方式采用非接触式 IC 卡作为通行券，入口发卡，出口回收，以通行卡上记录的入口信息作为收费依据。非现金支付方式以双界面 CPU 卡为支付卡，同时兼做通行卡，以 CPU 卡上记录的入口信息作为收费依据。使用 CPU 卡的车辆在通过 MTC 入口车道时，司机将 CPU 卡交给收费员刷卡，写入入口信息，收费员将卡交回司机；通过 MTC 出口车道时，司机将 CPU 卡交给收费员，刷卡收费，完成后收费员将 CPU 卡交还司机。

　　使用 CPU 卡的车辆在通过 ETC 入口车道时，可不停车通过，入口信息自动写入插在车载机的 CPU 卡中；通过 ETC 出口车道时，可不停车通过，收费过程在 ETC 系统中自动读取完成。

第三章　高速公路路基路面养护与管理

高速公路建成通车后，在较长时间的运营过程中，高速公路自身使用功能不断减弱，各种病害也日益严重。为保证高速公路的行驶功能，合理和及时的养护就显得十分重要。高速公路养护的关键在于如何采取科学合理的养护技术，优化高速公路养护管理，延长高速公路使用寿命。因此，高速公路养护和管理工作是高速公路工程中一项重要的工作。

对于高速公路出现的早期病害，若能够及时采取合理的养护措施，可以防止高速公路微小病害的进一步扩大，使高速公路经常保持原有的技术状态和标准，减少由于高速公路及其设施维护不当给使用者带来的意外损害，从而增加高速公路的社会效益和经济效益。

高速公路养护按其工程性质、技术复杂程度和规模大小分为四类：

①小修保养：对高速公路及其沿线设施经常进行维护保养，并修补其轻微损坏部分的作业。

②中修工程：对高速公路及其沿线设施的一般性损坏部分进行定期的修理加固，以恢复高速公路原有技术状况的工程。

③大修工程：对高速公路及其沿线设施的较大损坏进行周期性的综合修理，以全面恢复到原技术标准的工程。

④改建工程：对高速公路及其沿线设施进行整段改造，以全面恢复高速公路到原有技术状况，或在原技术范围内进行局部改善，以逐步提高公路通行能力的工程项目。

高速公路养护的基本任务如下：

①贯彻"预防为主、防治结合"的方针，加强预防性养护，提高高速公路的

抗灾害能力；

②加强高速公路及其沿线设施的基本技术状况调查，及时发现和消除隐患；

③保持高速公路及其沿线设施良好的技术状况，及时修复损坏部分，保障高速公路行车安全、畅通、舒适；

④吸收和采用新技术、新工艺、新材料、新设备，采取科学的技术措施，不断提高高速公路养护质量，有效延长高速公路的使用寿命，降低路桥设施的全寿命周期成本，增加养护资金使用效益；

⑤加强高速公路的技术改造，以适应高速公路交通事业的不断发展。

为了解和掌握高速公路使用性能的变化情况，必须对高速公路技术状况进行科学的评定、分析，以便及时采取各种养护和改建措施，延缓其衰变或恢复其使用性能。

第一节 高速公路路基技术状况评定与养护

一、路基技术状况评定

路基是高速公路的基本组成部分，路基和路面一起，共同承受行车荷载与自然因素的作用。路基是路面的基础，可为路面结构长期承受汽车荷载提供重要的保证。路基的强度与稳定性将直接影响路面的使用性能，路面的损坏通常又和路基的排水不畅、路基构筑物的损坏有关。因此，有必要对路基工程的工作性能进行评价，从而为路基养护工作提供决策依据。

在《公路技术状况评定标准》（JTG 5210—2018）中，将路基的损坏分为七类：路肩损坏、边坡坍塌、水毁冲沟、路基构造物损坏、路缘石缺损、路基沉降、排水不畅。对各类损坏进行了严重程度的划分，并赋予了不同的权重。

路基技术状况采用路基技术状况指数（SCI）进行评价，按下式计算：

$$SCI = \sum_{i=1}^{i_0} w_i \left(100 - GD_{iSCI}\right)$$

式中，GD_{iSCI} 为第 i 类路基损坏的累积扣分，最高分值为100，按表3-1的规定计算；w_i 为第 i 类路基损坏的权重，按表3-1取值；i 为路基损坏类型；i_0 为路基损坏类型总数，取7。

表 3-1　路基损坏扣分标准

类型	损坏名称	损坏程度	计量单位	单位扣分	权重
1	路肩损坏	轻	m²	1	0.10
		重		2	
2	边坡坍塌	轻	处	20	0.25
		中		50	
		重		100	
3	水毁冲沟	轻	处	20	0.15
		中		30	
		重		50	
4	路基构造物损坏	轻	处	20	0.10
		中		50	
		重		100	
5	路缘石缺损		m	4	0.05
6	路基沉降	轻	处	20	0.25
		中		30	
		重		50	
7	排水不畅	轻	处	20	0.10
		中		50	
		重		100	

高速公路部门进行路基调查后，计算路基技术状况指数，可对路基使用状态进行评价，并建立相应的路基养护对策。

二、路基养护

为保证路基的坚实稳定，必须及时对路基进行养护、维修与改善。高速公路路基养护应符合如下要求：

①通过日常巡查，发现病害及时处置，保持良好稳定的技术状况；

②路肩无病害，边坡稳定；

③排水设施无淤塞、无损坏，排水畅通；

④挡土墙等附属设施良好；

⑤加强不良地质中期边坡崩塌、滑坡、泥石流等灾（病）害的巡查、防治、抢修工作。

路基养护具体包括如下内容。

（一）路肩与边坡

高速公路路肩应保持平整、坚实，横坡适顺，排水顺畅。土路肩或草皮路肩的横坡应略大于路面横坡，硬路肩与路面同坡。硬路肩产生病害应参照同类型路面病害处置。

土路肩可种植草皮或利用天然草加固路肩，草皮或天然草应定期修剪，草高不宜超过 150 mm。

路基边坡应保持平顺、坚实，遇有缺口、坍塌、高边坡碎落、侧滑等病害，应分别针对具体情况采取各种相应的加固整修措施。

边坡稳定是保持路基稳定的必要条件，为使边坡状况尽可能与周围环境相协调，应优先采取植物防护坡面技术，也可采用液压喷播、客土喷播、岩质坡面喷混植生技术。对于土质边坡，河滩、河岸、常年受水淹和风浪侵袭的路堤边坡，以及经常有浮岩坠落或土块坍落的路堑高边坡，可采取抛石防护、石笼防护、浆砌或干砌块（片）石护坡，或挡土墙防护，也可采取喷混凝土、设置碎落台等措施。

（二）排水设施

路基排水设施应保持排水畅通，如有冲刷、堵塞和损坏，应及时疏通、修复或加固。路基排水设施断面尺寸和纵坡应符合原设计标准规定。

对暗沟、渗沟等隐蔽性排水设施，应加强检查，防止淤塞。如有淤塞，应及时修理、疏通。

原有排水设施不能满足使用要求时，应适时增设和完善。新增排水设施时，其设计、施工应符合现行《公路路基设计规范》（JTG D30—2015）和《公路路基施工技术规范》（JTG/T 3610—2019）的有关规定。

（三）挡土墙

对挡土墙应加强检查，发现病害应查明原因，并观察其发展趋势，采取相应的修复、加固等措施，损坏严重时，可考虑全部或部分拆除重建。

应保持挡土墙的泄水孔畅通，定期检查和维修，清理伸缩缝、沉降缝，使其正常发挥作用。重建或增建挡土墙，应根据高速公路所在地区地形及水文地质等条件合理选择挡土墙类型，并应符合《公路路基设计规范》（JTGD 30—2015）和《公路路基施工技术规范》（JTG/T 3610—2019）有关规定。

当挡土墙发生倾斜、局部鼓出、滑动或下沉等病害时，可采取下列方法进行加固。

①锚固法，适用于水泥混凝土或钢筋混凝土挡土墙，采用直径大于 25 mm的高强螺纹钢筋做锚杆，采用水泥砂浆固定锚杆；

②套墙加固法，在原挡土墙外侧加宽基础、加厚墙体，应注意新旧基础、墙体的结合；

③增建支承墙加固法，在挡土墙外侧每隔一定间距增建支承墙。

第二节 高速公路路面技术状况评定

在汽车和自然因素的反复作用下，路面结构的使用性能会发生改变，路面结构会逐渐出现破损，最终不能满足使用性能的要求。在路面使用过程中，必须采取相应的养护、补强和改建措施，使路面的使用性能得到恢复，甚至提高。

为了了解和掌握路面使用性能的变化情况，以便及时采取各种养护和改建措施，延缓其衰变或恢复其性能，必须定期对路面的使用性能进行评定。路面使用性能包括功能、结构和安全三个方面。路面功能是指路面为道路使用者提供交通服务的特性。路面结构是指路面的物理状况，包括路面损坏状况和结构承载能力。路面安全是指路面的抗滑能力。功能和安全方面的使用性能是道路使用者所关心的内容，道路管理部门则更注重结构方面的使用性能。路面使用性能的三个方面既有区别又有一定的联系。

一、路面破损状况

路面结构的损坏状况反映了路面结构在行车和自然因素作用下保持完整性或

完好的程度。新建或改建的路面，都需采取日常养护措施进行保养，以延缓路面损坏的出现；而在路面结构出现损坏后，应及时采取相应的维修措施以减缓损坏的发展速度；当路面损坏状况恶化到一定程度后，便需采取改建或重建措施以恢复其结构完好程度。因而，路面结构损坏的发生和发展同路面养护和改建工作密切相关。

路面结构出现损坏，会在不同程度上影响路面的平整度。因而在一定程度上，可以通过平整度指标反映路面的损坏状况。平整度的好坏还同路面施工质量等因素有关，并且主要反映道路使用者的要求和利益。因此，路面结构损坏状况是道路管理部门所关注的，据以鉴别需进行养护和改建的路段，以及选择宜采取的措施。

路面结构的损坏状况，需从三个方面进行描述：

①损坏类型；

②损坏严重程度；

③出现损坏的范围或密度。

只有综合这三个方面，才能对路面结构的损坏状况做出全面的估计。

（一）损坏类型

促使路面出现损坏的原因是多方面的（荷载、环境、施工、养护等），因此结构损坏所表现出的形态和特征也是多种多样的。各种损坏对路面结构完好程度和路面使用性能有不同程度的影响，需相应采取不同的养护或改建对策。因此，进行路面结构损坏状况调查前，要依据损坏的形态、特征和肇因对损坏进行分类，并明确每一类损坏的定义。

高速公路常遇到的主要损坏类型，可按损坏模式和影响程度的不同分为以下四类：

①裂缝或断裂类，路面结构的整体性因裂缝或断裂而受到破坏；

②永久变形类，路面结构虽仍保持整体性，但形状在各种因素的作用下产生较大的变化；

③表面损坏类，路面表层部分出现局部缺陷，如材料散失或磨损等；

④接缝损坏类，水泥混凝土接缝及其邻近范围出现局部损坏。

路面损坏分类如表 3-2 所示。

表 3-2 路面损坏分类

类型	沥青路面	水泥路面
裂缝或断裂	纵向裂缝	纵向裂缝
	横向裂缝	横向裂缝
	龟裂	斜向裂缝
	块裂	角隅裂缝
	温度裂缝	—
	反射裂缝	—
永久变形	车辙	沉陷
	波浪拥包	隆起
	沉陷	—
	隆起	—
表面损坏	泛油	纹裂或起皮
	松散	坑洞
	坑槽	—
	磨光	—
	露骨	—
接缝损坏	—	填缝料损坏
	—	接缝碎裂
	—	拱起
	—	唧泥
	—	错台

（二）损坏分级

各种路面损坏都有产生和发展的过程，在这一过程中，处于不同阶段的损坏对路面使用性能有不同程度的影响。例如，裂缝初现时，缝隙细微，边缘处材料完整，因而对行车舒适性的影响极小，裂缝间尚有较高的传荷能力；而发展到后期，缝隙变得很宽，边缘处严重碎裂，行车出现较大颠簸，裂缝间已几乎无传荷能力。因此，为了区别同一种损坏对路面使用性能的不同影响程度，需按影响的严重程度将各种损坏划分为几个等级（一般为 2～3 个等级）。

对于断裂或裂缝类损坏，分级时主要考虑对结构整体性影响的程度，可采用缝隙宽度、边缘碎裂程度、裂缝发展情况等指标表征。对于变形类损坏，主要考虑对行车舒适性的影响程度，可采用平整度作为指标进行分级。对于表面损坏类，往往可以不分级。具体指标和分级标准可根据各地区的特点和其他考虑经过调查分析后确定。损坏严重程度分级的调查，往往通过目测进行。为了使不同的调查人员得到大致相同的判别，分级的标准要有明确的规定。

对于沥青路面和砂石路面各种损坏出现的范围，通常按面积、长度或条数量测，除以被调查子路段的面积或长度后，以损坏密度计。而对于水泥混凝土路面各种损坏出现的范围，则应调查出现该种损坏的板块数，以损坏板块数占该子路段总板块数的百分率计。

（三）损坏调查

损坏调查通常由调查小组沿线通过目测进行。调查人员鉴别调查路段上出现的损坏类型和严重程度，并丈量损坏范围，记录在调查表格上。同一个调查路段上如出现多种损坏或多种严重程度，应分别计量和记录。

目测调查很费时，如果调查的目的不是确定养护对策和编制养护计划，则可采用抽样调查的方法，不必对整个路网的每一延米的各种损坏都进行调查。通常，可采取每 1 000 m 抽取其中 100 m 长的路段代表该千米路段的方法，但每次调查都要在同一路段上进行，以减少调查结果的变异性，保证调查结果的可比性。

（四）损坏状况评价

每个路段的路面可能出现不同类型、不同严重程度、不同范围的损坏。为了使各路段的损坏状况或程度可以进行定量比较，需采用一项综合评价指标，把这三个方面的状况和影响综合起来。通常采用的是扣分法，即选择一项损坏状况度量指标，以百分制或十分制计量，对于不同的损坏类型、严重程度和范围规定不同的扣分值，在按路段的损坏状况累计其扣分值后，以剩余的数值表征或评价路面结构的完好程度。

二、路面行驶质量

路面的基本功能是为车辆提供快速、安全、舒适和经济的行驶表面。路面行驶质量反映了路面满足这一基本功能的能力。

路面行驶质量的好坏，与路面表面的平整度特性、车辆悬挂系统的振动特性、人对振动的反应或接受能力三个方面的因素有关。从路面状况的角度来看，影响路面行驶质量的主要因素是路面平整度。

路面平整度可定义为路面表面诱使行驶车辆出现震动的高程变化。路面不平整所引起的车辆震动，会对车辆磨损、燃油消耗、行驶舒适、行车速度、路面损坏和交通安全等多方面产生直接影响。因此，平整度是衡量路面行驶质量的一项性能指标。

（一）平整度测定方法

路面平整度测定方法有许多种，可划分为两大类型：一是断面类平整度测定；二是反应类平整度测定。

1. 断面类平整度测定

断面类平整度测定是指直接沿行驶车辆的轮迹测路面表面的高程，得到路表纵断面，在进行数学分析后采用综合统计量作为其平整度指标。属于这一类的方法主要有以下几个。

（1）水准测量。

采用水准仪和水准尺沿轮迹测路面表面的高程，由此得到精确的路表纵断面。这是一种测定结果较稳定的简便方法，但测量速度很慢，很费工。

（2）梁式断面仪。

用 3 m 长的梁（或直尺）连续量测轮迹处路表同梁底的高程差，由此得到路表纵断面。这种方法较水准测量的测定速度要快些。

（3）惯性断面仪。

在测试车车身上安装竖向加速度计，以测定行驶车辆的竖向位置变化。车身同路表面之间的距离，利用激光、超声等传感器进行测定。两方面测定结果叠加后，便可得到路表面纵断面。

断面类平整度测定方法的主要优点是可直接得到轮迹带路表面的实际断面，

据此可以对路面平整度的特性进行分析。而其主要缺点是，测定速度太慢，不适用于大范围的平整度数据采集。对于惯性断面仪来说，仪器精密度高，操作和维修技术要求高，因而其广泛应用受到了限制。

2. 反应类平整度测定

反应类平整度测定系统是在主车或拖车上安装由传感器和显示器组成的仪器，可以传感和累积车辆以一定速度驶经不平路表面时悬挂系统的竖向位移量。显示器记下的测定值通常是一个计数值，每计一个数相当于一定的悬挂系位移量。

反应类平整度测定系统的优点是价格低廉、操作简便，可用于大范围内的路面平整度快速测定。然而，由于这类测定系统是对路面平整度的一个间接度量，其测定结果同测试车辆的动态反应状况有关，也就是随测试车辆机械系统的振动特性和车辆行驶的速度变化，因此它存在以下几个缺点：

①时间稳定性差 —— 同一台仪器在不同时期测定的结果，会因车辆振动特性随时间的变化而不一致；

②转换性差 —— 不同部门测定的结果，由于所用测试车辆振动特性的差异而难以进行对比；

③不能给出路表的纵断面。

为克服上述第一个缺点，需经常对测定仪器进行标定。标定路段的平整度采用断面类平整度测定方法测定。测定仪器在标定路段上的测定结果与标准结果建立回归关系，即标定曲线。利用此曲线，可将不同时期的测定结果进行转换。

为克服上述第二个缺点，需寻找一个通用的平整度指标，以便把不同仪器或不同部门定的结果统一转换成以这个通用指标表示的平整度值。这样就能够对它们进行相互比较了。

（二）国际平整度指标

反应类平整度仪测定的结果，通常以车辆行驶一段距离后的累积计数值表示。如果把每一种反应类平整度仪的计数以相应的悬挂系竖向位移量表示，则测定结果以 m/km 表示，它反映了单位行驶距离内悬挂系的累积竖向行程。这是一个类似于坡度的单位，称作平均调整坡（ARS）。

以 ARS 作为指标表示测定结果时，不同反应类平整度仪测定之间可以建立良好的相关关系，但这种关系只能在测定速度相同的条件下才能成立，因而必须按速度分别建立回归方程。

国际平整度指数（IRI）是一项标准化的平整度指标。它同反应类平整度测定系统类似，但是采用数学模型模拟 1/4 车（即单轮，类似于拖车）以规定速度（80 km/h）行驶在路面上，分析具有特定特征参数的悬挂系在行驶距离内由于动态反应而产生的累积竖向位移量。分析结果也以 m/km 表示。因而，这一指标与反应类仪器的 ARS 相似，称作参照平均调整坡。

上述分析过程已编成电算程序。在量测到路表纵断面的高程资料后，便可利用此程序计算该段路面平整度的国际平整度指数。对标定路段的平整度，按上述方法用国际平整度指数表征，而后与反应类平整度仪的测定结果建立标定曲线，则使用此类标定曲线便可克服反应类平整度仪转换性差的缺点。

（三）行驶质量评价

路面行驶质量同路表面的不平整度、车辆的动态响应和人的感受能力三个方面的因素有关。因而，不同的乘客乘坐同一辆车行驶在同一个路段上，由于不同的人对行驶舒适性的要求和对颠簸的接受能力不同，对该路段的行驶质量会做出不同的评价。

评价一般带有个人主观性，为了避免随意性，应该采用主客观相结合的评价方法。一方面邀请具有不同代表性的乘客，分别按各人的主观意见进行评分，而后汇总大家的评价，以平均评分值代表众人的评价；另一方面对各评价路段进行平整度量测。通过回归分析建立主观评分与客观量测结果的相关关系。由此建立的评价模型，便可用来对路面行驶质量进行较统一的评价。

对行驶质量的评价可以采用 5 分评分制或 10 分评分制。评分小组的成员应能覆盖对行驶舒适性有不同反应的各类人员（不同职业、年龄、社会经济和文化背景等）。所选择的评分路段，其平整度和路面类型应能覆盖可能遇到的范围和情况。

评分时所乘坐的车辆应为振动特性具有代表性的试验车。在整个评分过程中，采用相同的试验车和行驶速度。在整理各评分路段的主观评分和客观量测结果后，通过回归分析可建立线性或非线性的评价模型，利用评价模型可以对路面行驶质量的好坏做出相对的评价。然而，还需要建立行驶质量的标准，以衡量该评价对使用性能最低要求的满足程度。

行驶质量标准的制定，一方面依赖于乘客对行驶舒适性的要求，另一方面在很大程度上受经济因素的制约。标准定得过高，会使路网内许多路段的路面需采取改建措施，从而提高所需的投资额。

三、路面抗滑性能

路面抗滑性能是指车辆轮胎受到制动时沿路表面滑移所产生的抗滑力。通常，抗滑性能被看作路面的表面特性，并定义为

$$f = \frac{F}{W}$$

式中，f 为摩阻系数；F 为作用于路表面的摩阻力；W 为垂直于路表面的荷载。

然而，笼统地说路面具有某一摩阻系数值是不确切的，应该对轮胎在路面上的滑移条件给予规定。不同的条件和测定方法，会得到不同的摩阻系数值。因此，需规定标准的测定方法和条件。

（一）测定方法

1.纵向摩擦系数测定仪

纵向摩擦系数测定仪是在牵引车不停且快速行驶下进行测定的，其结构与功能如图3-1所示。

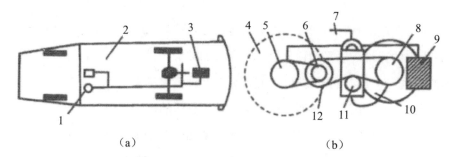

（a）　　　　　　　　　　　　　　（b）

1—操纵盘；2—车底；3—测轮；4—汽车后轮；5—汽车后轴；6—变速轮；7—液压操纵；

8—测轮齿；9—压重；10—传力管；11—换速拉杆；12—齿轮

图3-1　纵向摩擦系数测定仪结构功能图

（a）测轮位置；（b）结构示意

根据物体摩擦的概念，在测轮降至路面的一刹那，路面摩擦力就对测轮产生

了物理作用。此时，与测轮连接的传感器对测轮的滑滚计力，那么此时的滑滚平均摩擦系数即在该测速与温度下的摩擦系数值。路面摩擦力越大，则相应的摩擦系数越大；反之，摩擦系数越小。路面摩擦系数可用下式表示：

$$f_{vm} = \frac{F_m}{P}$$

式中，f_{vm} 为路面纵向摩擦系数；F_m 为在一定测速与温度下传感器对测轮的纵向拉力，即单位摩擦力，单位为 kN 或 MPa；P 为测轮对路面的单位压力，单位为 kN 或 MPa。因为测速可以控制，所以在公式中未介入速度因子。

快速摩擦系数测定仪所测的路面摩擦系数呈锯齿线分布。快速摩擦系数测定时的测速影响测轮接触路面面积。随着测速（牵引车速度）的加大，轮胎在路面上的印迹逐渐变小。当测速为 0 km/h 时，印迹为 100%；当测速为 60 km/h 时，印迹只达到零速时的 64%；当测速达到 120 km/h 时，印迹只有零速时的 4%。因此，在快速测轮中必须注意，一种测速对应一种印迹，不能互用。实际上，这种互用的状态均由计算机自身控制。由于测轮正压力为单位面积的压重，摩擦力也为单位面积的力，因此最终触地面积互相抵消，计算的摩擦系数在路面的一定范围内应该是一个常数。

2. 横向摩擦系数测定车

前面讲的是纵向摩擦系数的测定，即测量小轮与道路纵线平行。但从安全的角度看，国内外也在探求路面横向摩擦系数值的测定。横向摩擦系数测定仪的结构与纵向摩擦系数测定仪相仿，只要将测量小轮改为与纵向成 20° 角就成为横向摩擦系数测定车。本法介绍的横向摩擦系数测定车结构如图 3-2 所示。

按照仪器设备技术手册或使用说明书对测定系统进行标定，在检查时，必须在关闭发动机的情况下进行。标定按 SFC 值为 10、20、30 等不同档次进行，满量程为 100 时的示数误差不得超过 ±2。

测试前应检查横向摩擦系数测定车系统的各项参数是否符合要求，检查外部警告标志是否正常，并将水箱储满水；将测试轮安装紧固且保持在升起的位置上；让记录装置处于正常使用状态；安装足够的打印纸；打开记录系统预热不少于 10 min。

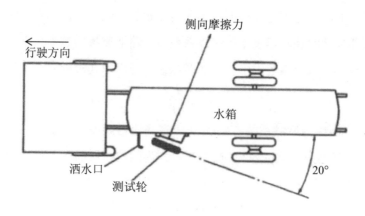

图 3-2　横向摩擦系数测定车结构示意图

　　根据需要确定采用连续测定或断续测定的方式、每千米测定的长度。选择并设定"计算区间"，即输出一个测定数据的长度。标准的计算区间为 20 m，根据要求也可选择 5 m 或 10 m。根据要求设定为单轮测试或双轮测试。输入所需的说明性预设数据，如测试日期、路段编号、里程桩号等，然后发动车辆驶向测试地段。

　　在测试路段起点前约 500 m 处停住，开机预热不少于 10 min。降下测试轮，打开水阀，检查水流情况是否正常以及水流是否符合需要，检查仪表各项指数是否正常，然后升起测试轮，将车辆驶向测试路段，提前 100～200 m 降下测试轮。测定车的车速可根据高速公路等级的需要选择，除特殊情况外，标准车速为 50 km/h，测试过程中必须保持匀速。进入测试段后，按开始键开始测试。在显示器上监视测试运行变化情况，检查速度、距离有无反常波动，当需要标明特征（如桥位、路面变化等）时，操作功能键插入数据流中，整千米里程桩也应做相应的记录。

　　测定的摩擦系数数据存储在磁盘或磁带中，摩擦系数测定车 SCRIM 系统配有专门的数据程序软件，可计算和打印出每一个计算区间的摩擦系数值、行程距离、行驶速度、统计个数、平均值及标准差，同时还可打印出摩擦系数的变化图。可根据要求，将摩擦系数在 0～100 范围内分成若干区间，做出各区间的路段长度占总测试里程百分比的统计表。

3. 制动距离法

以一定速度在潮湿路面上行驶的四轮小客车或轻化车，当 4 个车轮被制动时，车辆减速滑移到停止的距离，可用以表征非稳态的抗滑性能，以制动距离数 SDN 表示：

$$SDN = \frac{v^2}{225 L_S}$$

式中，v 为刹车开始作用时车辆的速度，单位为 km/h；L_S 为滑移到停车的距离，单位为 m。

测试路段应为材料组成均匀、磨耗均匀和龄期相同的平直路段。测试前和每次测定之间，先洒水润湿路表面到完全饱和。制动速度以 64.4 km/h 为标准速度，也可采用其他速度，但不宜低于 32 km/h。

4. 锁轮拖车法

装有标准试验轮胎的单轮拖车由汽车拖拉，以要求的测定速度在洒水润湿的路面上行驶。抱锁测试轮，通过测定牵引力确定在载重和速度不变的状态拖拉测试轮时作用在轮胎和路面间的摩阻力。以滑移指数 SN 表征路面的抗滑性能：

$$SN = \frac{F}{W} \times 100$$

式中，F 为作用在试验轮胎上的摩阻力，单位为 N；W 为作用在轮上的垂直荷载，单位为 N。

轮上的载重为 4 826 N，标准测试速度为 64.4 km/h。牵引力由力传感器量测，速度由第五轮仪量测。

5. 偏转轮拖车法

拖车上安装有两只标准试验轮胎，它们对车辆行驶方向偏转一定的角度（7.5° ~ 20°）。汽车拖拉以一定速度在潮湿路面上行驶时，试验轮胎受到侧向摩阻力的作用。记下此侧向摩阻力，除以作用在试验轮上的载重，可得到以侧向力系数 SFC 表征的路面抗滑性能：

$$SFC = \frac{F_S}{W}$$

式中，F_S 为作用在试验轮胎上的侧向摩阻力，单位为 N；W 为作用在轮胎上的垂直荷载，单位为 N。

锁轮拖车法和偏转轮拖车法都具有测定时不影响路上交通、可连续并快速进行的优点。

6. 可携式摆式仪法

可携式摆式仪是一种主要在室内量测路面材料表面摩阻特性的仪器，也可用于野外量测局部路面范围的抗滑性能。

摆式仪的摆锤底面装一橡胶滑块，当摆锤从一定高度自由下摆时，滑动面同试验表面接触。由于两者间的摩擦而损耗部分能量，使摆锤只能回摆到一定高度。表面摩阻力越大，回摆高度越小。通过量测回摆高度，可以评定表面的摩阻力。回摆高度直接从仪器上读得，以抗滑值 BPN 表示。

（二）抗滑性能评价

影响路面抗滑性能的因素有路面表面特性（细构造和粗构造）、路面潮湿程度和行车速度。

路表面的细构造是指集料表面的粗糙度，它随车轮的反复磨耗作用而逐渐被磨光。通常采用石料磨光值（PSV）表征其抗磨光的性能。细构造在低速（30 ~ 50 km/h）时对路表抗滑性能起决定作用，而高速时起主要作用的是粗构造。粗构造是由路表外露集料间形成的构造，其功能是使车轮下的路表水迅速排除，以避免形成水膜，它由构造深度表征其性能。

路表面应具有的最低抗滑性能，视道路状况、测定方法和行车速度等条件而定。各国根据对交通事故率的调查和分析，以及同路面实测抗滑性能间建立的对应关系，制定有关抗滑指标的规定。有的国家除了规定抗滑性能的最低标准，还对石料磨光值和构造深度的最低标准做了规定。

第三节　高速公路路面养护一般对策

路面养护应符合下列要求：

①经常清扫路面，及时清除杂物、清理积雪积冰，保持路面整洁，做好路面

排水；

②加强路况巡查，发现病害，及时进行维修、处置。

应定期对路面的技术状况进行调查和评定。以路面管理系统分析结果为依据，科学制订高速公路养护维修计划。路面技术状况各分项指标低于规定值时，应采取相应措施恢复或提高。大交通量路段应制定科学合理的交通组织方案，减少对通行车辆的影响。

一、沥青路面养护

高速公路沥青路面养护应符合下列要求：对沥青路面应进行预防性、经常性和周期性养护，加强路况巡查，掌握路面的使用状况，根据路面的实际情况制定日常小修保养和经常性、预防性、周期性养护工程计划；对于较大范围的路面损坏和达到或超过设计使用年限的路面，应及时安排大中修或改建工程；及时掌握路面的使用状况，加强小修保养，及时修补各种破损，使路面保持整洁、良好的技术状况。

沥青路面养护质量的评定等级分为优、良、中、次、差五个等级，按《公路技术状况评定标准》（JTG 5210—2018）评定，并应按以下情况分别采取各种养护对策：

①在满足强度要求的前提下，当高速公路及一级公路的路面损坏状况指数（PCI）评价为优、良，或者二级及二级以下公路的路面损坏状况指数评价为优、良、中时，以日常养护为主，并对局部破损进行小修；当高速公路及一级公路的路面损坏状况指数评价为中及中以下，或者二级及二级以下公路的路面损坏状况指数评价为次及次以下时，应采取中修罩面措施。

②在强度不能满足要求时，应采取大修补强措施以提高其承载能力。

③当高速公路及一级公路的路面行驶质量指数（RQI）评价为优、良，或者二级及二级以下公路路面行驶质量指数评价为优、良、中时，以日常养护为主；当高速公路及一级公路的路面行驶质量指数评价为中及中以下，或者二级及二级以下公路的路面行驶质量指数评价为次及次以下时，应采取罩面等措施提高路面的平整度。

④高速公路及一级公路抗滑能力不足（SFC < 40）的路段，或二级及二级

以下公路抗滑能力不足（SFC < 35.5）的路段，应采取加铺罩面层等措施，提高路表面的抗滑能力。

⑤当路面不适应现有交通量或荷载的需要时，应通过提高现有路面的等级或通过加宽等改建措施提高高速公路的通行能力和服务质量。

⑥大、中修及改建工程的结构类型和厚度，可根据高速公路等级、交通量、当地经济条件和已有经验，通过设计确定。

二、水泥路面养护

水泥混凝土路面养护应符合下列要求：做好预防性、经常性的保养和破损修补，保持路面处于良好的技术状况与服务水平，并应保持路容整洁，定期进行清扫保洁。

水泥混凝土路面的接缝应保持良好，表面平顺。填缝料凸出板面的高度，高速公路及一级公路不得超过 3 mm，其他等级高速公路不得超过 5 mm。当填缝料局部脱落、缺损时，应及时灌缝填补；当填缝料老化、接缝渗水严重时，应及时进行整条接缝的填缝料更换。在填缝料更换前，应清除原接缝内的填缝料和杂物。在新灌注填缝料时，应做到饱满、密实、黏结牢固。

日常巡查是对水泥混凝土路面外观状况进行的日常巡视检查，主要检查拱起、沉陷、错台等病害，以及路面油污、积水、结冰等诱发病害的因素和可能妨碍交通的路障。巡查频率应不小于 1 次 / 天。雨季、冰冻季节和遇台风暴雨等灾害性气候，应加强日常巡查工作。日常巡查可以车行为主，采用观察、目测及人工计量，定性与定量观测相结合的方法，重要情况应予摄影或摄像。发现妨碍交通的路障应及时清除，一时无法清除的，应采取相应的安全措施。

水泥混凝土路面的养护质量评定等级分优、良、中、次、差五个等级。高速公路及一级公路的路面损坏状况指数评价为优和良，二级及二级以下公路的路面损坏状况指数评价为中及中以上时，可采取日常养护和局部或个别板块修补措施。

高速公路及一级公路的路面损坏状况指数评价为中及中以下，二级及二级以下高速公路的路面损坏状况指数评价为次及次以下时，就采取全路段修复或改善措施。

高速公路及一级公路的路面行驶质量指数、抗滑性能指数评价为中及中以下，二级及二级以下高速公路的路面行驶质量指数、抗滑性能指数评价为次及次以下时，应分别采取措施，提高路面平整度和路表面的抗滑能力。

路面结构承载能力不满足现有交通的要求时，应采取铺筑沥青混凝土或水泥混凝土加铺层措施，提高其承载能力。

第四节　高速公路路面病害及防治

一、沥青路面病害及防治

（一）沥青路面病害及成因

沥青路面损坏病害分为 4 类 19 项：

①永久变形（变形类）——车辙、波浪拥包、搓板、沉陷；

②裂缝（裂缝类）——纵裂、横裂、不规则裂、块裂、龟裂；

③水损害（松散类）——松散、剥落、坑槽、啃边、唧浆；

④表面功能衰减（其他类）——泛油、磨光、修补、冻胀、翻浆。

常见病害成因如下。

1. 泛油

泛油大多是由于混合材料中沥青用量偏多，沥青稠度太低等原因引起。但有时也可能由于低温季节施工，表面嵌缝料散失过多，待气温变暖后，在行车作用下矿料下挤，沥青上泛，表面形成油斑。

2. 波浪拥包

在行车水平力的作用下，若沥青面层材料的抗剪强度不足，则易产生推挤拥包。这类病害大多是由于所用的沥青稠度偏低、用量偏多，或因混合料级配不好、细料偏多而产生的。此外，面层较薄以及面层与基层的黏结较差，也易产生推挤、拥包。

3. 裂缝

（1）横向裂缝。

这种病害比较普遍，主要由荷载、沥青面层温度收缩和半刚性基层的干缩引起。横向裂缝可分为荷载性裂缝和非荷载性裂缝两大类。荷载型裂缝是由于车辆荷载作用，致使沥青面层或半刚性基层内产生的拉应力超过其疲劳强度而产生的。非荷载性裂缝有两种情况：沥青面层温度型裂缝和基层反射型裂缝。

（2）纵向裂缝。

纵向裂缝可分为两种情况：一种情况是由路基压实度不均匀、路面不均匀沉陷引起的，如发生在半填半挖处的裂缝；另一种情况是在沥青面层分幅摊铺时，两幅接茬未处理好，在行车载荷作用下易形成纵缝，有时车辙边缘也会有纵裂缝。

（3）网状裂缝。

网状裂缝是指裂缝纵横交错成网的情况。

4. 松散、坑槽

集料含泥量超标，颗粒被大量的粉尘包裹，会使沥青膜黏结在粉尘上，而不是黏结在集料颗粒上，表面的摩擦力磨掉沥青膜，并使集料颗粒脱落。

表面离析处往往缺少大部分细集料，离析面上粗集料与粗集料接触，但只有在少数接触点沥青膜与集料黏结。随着时间增长，沥青会老化，沥青膜剥落会使沥青与集料分离。

施工时混合料温度太高，使沥青老化，黏结力降低，沥青与集料黏结不牢。施工时混合料温度过低，压实度达不到要求，水进入混合料的空隙后，在荷载作用下往复抽吸冲刷，以及发生冻融循环，导致沥青与集料分离。

沥青面层个别地方厚度不足，在行车作用下，部分混合料易被"带走"，导致松散坑槽。

5. 车辙

结构型车辙是由于荷载的作用发生在沥青面层以下，包括路基在内的各结构层的永久变形。这种车辙宽度较大，两侧没有隆起现象，横断面呈凹字形。

磨耗型车辙由车轮不断地磨损路面而形成，多发于北方使用防滑链条及埋钉轮胎的地区。

稳型车辙是在高温条件下，经车轮碾压反复作用，荷载应力超过沥青混合料的稳定度极限，使流动变形不断积累而形成的。这种车辙车轮作用部位下凹，车轮作用甚少的车道两侧向上隆起，在弯道处还明显向外推挤，车道线或停车线因此可能成为变形的曲线。

压密型车辙是指混合料在施工过程中未能达到设计的压实度，开放交通后，在高温和重载交通共同作用下二次压密形成的车辙。

6. 啃边

在行车作用和自然因素的影响下，沥青路面边缘不断缺损，参差不齐，路面宽度减小，这种现象称为啃边。产生啃边的原因是路面过窄，行车压到路面边缘而造成缺损，边缘强度不足，路肩太高或太低，雨水冲刷路面边缘。

（二）沥青路面常见病害防治措施

1. 预防性养护

在沥青路面存在质量缺陷或者已经出现裂缝等轻微病害但不影响路面使用的情况下，可采取封填裂缝、雾封层、稀浆封层、超薄磨耗层等措施，封闭大气降水，恢复道路表面功能，避免病害进一步发展。

2. 开窗修补

根据病害发生的位置，包括平面位置和深度位置，确定处置范围与处置深度，并进行修复。开窗修补的关键在于修补料的压实及接缝的封堵。

3. 大修

对已不能满足行车要求的沥青路面进行全面铣刨，然后重新摊铺压实新的沥青面层。如果技术条件允许，可综合考虑环境与经济因素，采用沥青混合料再生技术进行施工。目前沥青混合料再生技术有现场热再生、厂拌热再生、现场冷再生、厂拌冷再生等形式。

二、水泥路面病害及防治

（一）水泥混凝土病害

水泥混凝土路面常见的病害有两大类：一是水泥混凝土板破坏，二是接缝破坏。其具体表现形式及成因如下。

1. 水泥混凝土板破坏

水泥混凝土板破坏是指水泥混凝土高速公路在使用一段时间后，高速公路表面由各种原因引起的质量病害，主要体现在表面裂缝和贯通裂缝两个方面。表面裂缝是指水泥混凝土路面表面的裂缝，贯通裂缝则是指贯穿整个水泥混凝土板块厚度的裂缝。

（1）纵向裂缝。

路基体填料、施工方法不当等导致路基不均匀沉降，使路面板在自重和行车压力作用下产生与路线走向平行或基本平行的裂缝。

（2）横斜向裂缝。

由于水泥混凝土失水干缩、冷缩、切缝不及时等原因，水泥混凝土路面产生垂直于路线方向的有规则的裂缝。

（3）断角。

由于胀、缩缝或施工缝填料选择不当，或者填缝料失效，路表水沿缝隙下渗，尤其是当板下基层排水不畅，或基层材料细料过多，基层材料耐冲刷性较差时，在车辆荷载反复作用下，真空吸力会使板角处产生唧泥，板下被冲刷掏空，造成板角应力集中，从而导致路面板出现断角。

（4）交叉裂缝和破碎板。

交叉裂缝和破碎板是水泥混凝土路面的严重破坏形式，对行车的安全性和舒适性造成较大的影响。高速公路运输超载严重，路面板厚度不足或强度偏低，板底脱空，基层松散或强度不够，土基的不均匀沉降、地下水位过高、路基液化等都可能导致路面板出现交叉裂缝或破碎板。另外，当路面出现纵向、横向、斜向等各种裂缝时，如果养护不及时，路表水沿缝隙进入基层或路基，导致基层和路基浸水软化，在重载反复作用下，裂缝会进一步扩展，如此循环，久而久之，路面就会产生交叉裂缝，甚至出现破碎现象。

2.接缝破坏

接缝是水泥混凝土路面的薄弱环节，出现病害的概率大，类型也多。接缝类病害的发生范围虽然是局部的，但往往会使板块出现断裂，造成使用寿命迅速缩短。

（1）接缝挤碎。

接缝挤碎是指邻近接缝或裂缝数十厘米宽度范围内，出现未扩展至整个板厚的裂缝或者混凝土分裂碎块。接缝挤碎主要是由于接缝施工不当（接缝不垂直、上宽下窄，传力杆、拉杆设置不当等），或者填缝料剥落、挤出、老化等。如果接缝内被硬石子阻塞，当混凝土伸胀时，混凝土板的上部产生集中压应力，当超过混凝土的抗剪强度时，板即发生剪切挤碎。如果接缝处两端混凝土强度不一致，由于传力杆的作用，同样会造成混凝土板破碎的现象，但这种情况一般在普通路段上比较少见，多出现在构造物接头部位。此外，板边混凝土振捣不密实，强度降低，或者接缝中渗入水后，导致基层、路基软弱和唧泥，沿接缝边缘处板底小范围脱落，在行车荷载的反复作用下，接缝也会碎裂。

（2）唧泥和板底脱空。

唧泥和板底脱空病害是指板接裂缝或边缘下的基层细料渗入并滞留在板底，并由此造成板底面与基层顶面出现局部范围脱空。接缝填缝料失效、基层材料不耐冲刷、接缝传荷能力差和重载反复作用是引起唧泥的主要原因。当高速公路排水系统不完善，如路面横坡设置不当或路基排水不畅时，路基、路面被水浸泡时，也会使路面产生积泥现象，进而出现板底脱空现象。另外，基层材料局部松散，路基土压实不均匀或基底不均匀沉降同样会导致板底出现脱空。

（3）错台。

错台不但会降低行车舒适性，还会造成路面面板开裂等其他病害。错台的原因有：雨水沿接缝渗入基层，在行车荷载作用下产生唧泥，同时相邻块之间产生抽吸作用，使细料向后方板移动、堆集，造成前板低、后板高的错台现象；基层不均匀的沉陷；基础抗冲刷能力较差，基层表面采用砂或石屑等松散细料。

（二）水泥路面病害常见养护维修措施

1. 接缝修补

填缝料的修复办法较为简单，主要是将旧填缝料和接缝清干净，重新灌入新填缝料，其关键是保证填缝料的更换，应做到饱满、密实、黏结牢固，保持接缝完好，表面平顺，清缝、灌缝宜采用专用机具。同时，填缝料更换宜选在春、秋两季，或在当地年气温居中且干燥的季节进行。

2. 裂缝修补

混凝土路面的裂缝情况比较复杂，修补时要根据具体情况采取相应的修补措施，对混凝土路面裂缝的修补可采用压注灌浆法、扩缝灌浆法、直接灌浆法、条带罩面法和全深度补块法。各种修补方法的适用条件如下。

①压注灌浆法，适合宽度在 0.8 mm 以下的非扩展性的表面裂缝修补。

②扩缝灌浆法，适合宽度小于 3 mm 的轻微裂缝修补。

③直接灌浆法，适合非扩展性裂缝的修补。

④条带罩面法，适合贯穿全厚的大于 3 mm 并且小于 15 mm 的中等裂缝的修补。

⑤全深度补块法，适合宽度大于 15 mm 的严重裂缝的修补，全深度补块分集料嵌锁法、刨挖法、设置传力杆法。对于表面裂缝较多及表面龟裂的混凝土路面，可把裂缝划为一个施工面，将施工面中的裂缝凿成一块 3 ～ 6 cm 的凹槽，清除混凝土碎屑后，浇筑修补混凝土。

3. 孔洞坑槽修补

孔洞、坑槽主要是由于混凝土材料中夹带块木、纸张和泥块等杂物所致，会影响行车的舒适性。其修补应根据不同情况采取相应的措施，对个别的坑洞，应清除洞内杂物，用水泥砂浆等材料填充，达到平整密实；对较多坑洞且连成一片的，应采取薄层修补方法进行修补；低等级高速公路对面积较大，深度在 3 cm 以内成片的坑洞，可用沥青混凝土进行修补。

4. 错台的处置

水泥混凝土路面错台的处置方法，可根据板块错台的高度采取相应的修补方法。

①磨平法，错台高度小于等于 10 mm，可采用磨平机磨平，或人工凿平。

②填补法，高差大于 10 mm 的严重错台，可采用沥青砂或水泥混凝土进行处置。

5. 板体拱起处置

当胀缝的上部被硬物堵塞，缝两旁的板体因受热伸长而引起板拱起时，应立即用大切缝机将板拱起的部分切除，使相邻板放平，并在缝隙内灌填缝料。

6. 路面磨光处置

为了改善水泥混凝土路面的防滑性能，可采用刻槽机对磨光的路面进行刻槽处理。

7. 板下封堵

板下封堵是指对水泥混凝土路面板下和基层、垫层中的细小空隙进行灌浆，以加固现有路面的技术。在修复水泥混凝土路面时，采用板下封堵的目的是恢复对路面结构的支承，它是通过向这些空隙灌浆而实现的。灌浆时要施加一定的压力，而施加的压力不应使路面板抬升。板下封堵作为一种预防性维护措施，应在板角刚出现支承丧失的情况时尽快进行。

8. 加铺面层

（1）加铺水泥混凝土面层。

在旧水泥混凝土路面上加铺水泥混凝土路面层的方法有结合式、直接式及分离式三种。结合式加铺层是指对旧水泥混凝土板采取一定技术处理后，使加铺层与旧水泥混凝土板完全黏结在一起，这时可认为层间的相对水平移为零，即连续接触。结合式加铺层水泥混凝土厚度一般不小于 10 cm。直接式加铺层是指加铺层直接铺筑在清扫和清洗之后的旧水泥混凝土板上，层间不做任何处理，加铺层水泥混凝土路面厚度不小于 14 cm。分离式加铺层是指加铺层与旧水泥混凝土板之间设置一层隔离层，通常采用沥青砂或沥青混凝土，加铺层水泥混凝土层厚度一般小于 18 cm。

（2）加铺沥青混凝土面层。

在旧水泥混凝土路面上加铺沥青混凝土路面层的方法有直接加铺和碎石化后加铺两种方式。直接加铺适用于旧水泥板板角弯沉较小、板间载荷能力较好的情况，加铺之前还需对旧板的板缝进行清灌缝处理。对于旧板板角弯沉值偏大、板间传荷能力较差的水泥混凝土路面，宜采用将旧水泥板碎石化后进行加铺的方法，可有效预防加铺的沥青面层出现反射裂缝。常见的破碎方法有多边形钢轮压路机碾压破碎、多锤头设备破碎、门刀式设备破碎、共振碎石化设备破碎等。

第四章 高速公路沿线设施的养护

第一节 高速公路交通安全设施养护

一、高速公路交通安全设施养护内容及要求

（一）高速公路交通安全设施养护内容

交通安全设施应遵循"保障安全、提供服务、利于管理"的原则，保持完整、齐全和良好的工作状态。各种设施应加强养护，及时维修和更换损坏部件。设施不全或设施设置不合理的，应根据高速公路性质、技术等级和使用要求，有计划、有步骤地补充和完善。

（二）高速公路交通安全设施养护要求

交通安全设施的养护包括检查、保养维护和更新改造。检查包括经常检查、定期检查、特殊检查和专项检查。平时应加强日常巡查。

检查的频率不少于1次/月；定期检查的频率不少于1次/年；遭遇自然灾害、发生交通事故或出现其他异常情况时，应及时进行附加的特殊检查；设施更新改造之后，应进行全面的专项检查。

应结合设施特点，加强对交通安全设施的养护维修和更新改造。交通安全设施的养护应满足设施完整和外观质量、安装质量、技术性能等各项质量的要求。

对于事故多发路段和一些特殊路段，应结合高速公路安全保障工程的技术内容，及时改造、完善各种交通安全设施。

二、标志、标线的养护

（一）交通标志的养护

1. 标志的养护要求

高速公路交通标志的养护应符合下列要求。

（1）交通标志应设置合理、结构安全，版面内容整洁、清晰。

（2）标志板、支柱、连接件、基础等标志部件应完整、无缺损且功能正常。

（3）标志应无明显歪斜、变形，钢构件无明显剥落、锈蚀。

（4）标志面应平整，无明显褪色、污损、起泡、起皱、裂纹、剥落等病害。

（5）标志的图案、字体、颜色等应符合相关标准要求。

（6）反光交通标志应保持良好的夜间视认性。

2. 标志的检查

（1）日常巡查。

对沿线交通标志进行日常巡查，并且每月夜间巡查一次，检查其是否受到沿线树木等障碍物的遮挡以及标志牌、支柱是否牢固，标志反光效果是否下降，反光膜是否有脱落、不平整现象。

（2）临时检查。

遇有暴风雨等异常气候及洪水、地震等自然灾害或交通事故，应及时进行事前及事后的检查。检查内容如下：

①标志牌、支柱的变形、损坏、污秽及腐蚀情况。

②油漆及反光材料的褪色、剥落情况。

③标志牌设置的角度及安装情况。

④基础或底座情况。

⑤反光标志的反射性能（必须在夜间巡查）。

⑥标志牌缺乏情况。

3. 标志的更换

（1）由于腐蚀（生锈）、破损而造成辨认能力下降或夜间反光标志反射能力降低的标志牌，应予以更换。

（2）缺失的应及时补充。

（3）更换材料必须与原材料保持一致或提高标准等级。

4. 标志的清洗

（1）交通标志每年必须清洗一次，保证所有标志清洁、醒目。

（2）有树木等遮挡时，必须清除阻碍视线的物体。

5. 标志的质量控制

因自然灾害、交通事故造成标志牌损坏、缺失，应及时进行维修、补充或加固。维修后的标志牌应恢复至原样。采用材料及结构形式同原标志，质量不得低于原标志。

（二）路面标线的养护

1. 路面标线的养护要求

路面标线的养护应符合下列要求。

（1）具有良好的可视性，边缘整齐、线形流畅，无大面积脱落。

（2）颜色、线形等应符合相关标准要求。

（3）反光标线应保持良好的夜间视认性。

（4）重新划设的标线应与旧标线基本重合。

2. 路面标线的养护与维修

路面标线养护可视路面标线损坏情况采用补画或重画两种养护方式，但不局限于这两种方式。经养护后的路面标线必须具有正常的使用功能，其颜色、宽度、厚度应与原路面标线一致，材料、级配、工艺同原标线，施工质量不低于原标线。

路面标线的养护对策如下：

（1）标线污秽，影响美观及使用功能时，应及时进行补画。

（2）标线反光不均匀或反光效果差，应铲除后重新画线。

（3）标线磨损严重或脱落，影响使用功能时应重新画线或修复。

（4）标线局部缺损或被覆盖时，应在路面修复完工后予以重新画线。

（5）重新画线及修补时应注意与原标线的接头平顺、线形一致。

（三）凸起路标及轮廓标的养护

1. 凸起路标

凸起路标的养护应符合下列要求：

（1）凸起路标应无严重缺损。

（2）破损的凸起路标应不对车辆、人员等造成伤害。

（3）凸起路标应无明显的褪色。

（4）凸起路标的光度性能应保持良好的夜间视认性。

2. 轮廓标

轮廓标的养护应符合下列要求：

（1）轮廓标应进行表面清洗。

（2）轮廓标应无缺损。

（3）轮廓标应无明显的褪色。

（4）轮廓标的光度性能应保持良好的夜间视认性。

三、防护设施的养护

（一）护栏的养护

1. 波形梁钢护栏

（1）保持波形梁钢护栏的结构合理、安全可靠。

（2）护栏板、立柱、柱帽、防阻块（托架）、坚固件等部件应完整、无缺损。

（3）护栏质量符合相关标准要求。

（4）护栏的防腐层应无明显脱落，护栏无锈蚀。

（5）护栏板搭接方向正确，螺栓坚固。

（6）护栏安装线形顺畅，无明显变形、扭转、倾斜。

2. 水泥混凝土护栏

（1）保持水泥混凝土护栏线形顺畅、结构合理。

（2）水泥混凝土护栏应无明显裂缝、掉角、破损等缺陷。

（3）水泥混凝土护栏使用的水泥、砂、石、水、外加剂、钢筋等材料质量应符合相关标准、规范及设计要求。

（4）水泥混凝土护栏的几何尺寸、地基强度、埋置深度，以及各块件之间、护栏与基础之间的连接应符合设计要求。

3. 缆索护栏

（1）缆索护栏各组成部件应无缺损。

（2）缆索护栏各组成部件应无明显变形、倾斜、松动、锈蚀等现象。

（3）缆索护栏使用的缆索、立柱、锚具等材料质量应符合相关标准、规范及设计要求。

（二）隔离栅的养护

隔离栅的养护应符合下列要求。

（1）隔离栅应完整无缺，功能正常。

（2）隔离栅金属网片、立柱、斜撑、连接件、基础等部件无缺损。

（3）隔离栅质量应符合相关标准要求。

（4）隔离栅应无明显倾斜、变形，各部件稳固连接。

（5）隔离栅防腐涂层应无明显脱落、锈蚀现象。

（三）防眩设施的养护

防眩设施的养护应符合下列要求：

（1）防眩板、防眩网等防眩设施应完整、清洁，具有良好的防眩效果。

（2）防眩设施应安装牢固，无缺损。

（3）防眩设施应无明显变形、褪色或锈蚀。

（4）防眩设施的质量应符合相关标准要求。

（四）其他交通安全设施的养护

应保持里程碑、百米桩、道口标柱、高速公路界碑、防落网、锥形交通路标、高速公路防撞桶、减速垫、安全岛、平曲线反光镜、声屏障、示警柱等交通安全设施的清洁完整和功能正常。

应选择恰当可行的方法对里程碑、百米桩、道口标柱、高速公路界碑、防落网、锥形交通路标、高速公路防撞桶、减速垫、安全岛、平曲线反光镜、声屏障、示警柱等交通安全设施进行养护。

保持示警柱（护柱）位置正确、颜色鲜明、醒目，立柱垂直，保持良好的线形。养护人员应对全线的护柱进行经常性巡查，发现问题应及时处理，无法处理的应及时上报。管养单位应对全线护柱每年清洗一次并刷油漆，遇有局部不清洁部分要及时清洗。管养单位应及时更换、维修损坏的护柱，所有材料应与原护柱材料协调一致。

第二节　高速公路机电设施维护管理

一、高速公路机电设施维护内容及要求

做好高速公路机电系统维护工作是高速公路交通安全正常运行的重要保障，是实现高速公路现代化管理的基本条件，是提高高速公路服务质量和提供信息服务的必要基础。机电设备维护、系统维护和数据维护（硬件、软件）工作的特点是涉及面广、专业性强、维护要求高、难度大，应采取预防性、经常性、周期性的维护技术措施。

（一）高速公路机电设施维护内容

定期对监控系统的地图屏、投影显示屏、计算机系统、区域控制器、匝道控制器、车辆检测器、可变信息标志、闭路电视、气象检测仪，交通调查数据采集设备，隧道照明、风机、消防喷淋等的工作环境、状态和性能进行检查、检测和维护。

定期对收费系统的车道控制器、闭路电视、对讲系统、显示器、键盘、IC卡发卡机、IC卡读写器、票据打印机等收费车道亭内设备，以及电动栏杆机、费额显示器、摄像机、手动栏杆、电源线、雨棚信号灯、车道通信灯、雾灯、车辆检测器、ETC的路侧读写单元和天线控制器等设备进行检查、检测和维护。

定期对通信系统的光电缆传输线路、数字传输系统、数字程控交换机、IP网络设备、紧急电话系统和无线通信系统进行检查、检测和维护。

定期对高速公路专用的供配电系统（包括高压配电装置、电力变压器、低压配电装置、配电线路和照明设备等）进行检查、检测和维护。

认真做好高速公路机电系统的检查、检测和维护工作记录。高速公路机电系统各设备的检查、检测及维护的主要项目和周期符合相关规范要求。

（二）高速公路机电设施维护要求

保障系统运行正常，设备完好率在95%以上。应加强对机电系统的检查和测试，及时掌握机电设施的运行情况，发现异常现象及时报告，尽快修复。

对于机电设施故障和缺陷，应根据设备损坏的程度和对系统的影响范围，及时进行维修。对于影响联网收费的故障，应即刻赶赴现场，组织维修。一般故障在 24 h 之内修复。

对机电系统的设备运行性能状况进行检测、控制，对设备的运行指标进行统计、分析，有针对性地进行性能调整并录入养护管理系统中。

根据机电系统的运行需求，对系统进行升级、扩容。保障养护作业的安全管理，对维护人员进行安全操作和安全用电的培训和考核。雷雨季节应加强对接地装置和防雷装置的巡查，对接触不良、漏电流过大、发热、积尘过多等问题及时进行排除。

加强技术档案的管理，保证技术档案完整、准确，并安排专人负责管理。采用机电工程养护信息管理系统，安排维护计划，建立系统日常运行和维护日志，记录和统计报表。

竣工验收资料及时归档，宜采用数字化档案。所有软件、硬件的技术文档，包括系统运行手册、操作手册和维护手册；系统和设备台账，包括备品备件、易损易耗品等台账；系统和设备运行状态记录，包括测试、日常维护与维修、运行日志记录等资料，装订成册，由专人保管。定期对上述资料进行核对。测试仪器应经法定计量检定单位检定合格，在有效使用期内使用。

二、高速公路机电设施维护分类及具体介绍

（一）高速公路机电设施维护分类

高速公路机电的维护工作可分为小修保养、中修工程、大修工程、改建工程、专项工程等。

1. 小修保养

小修保养是对机电设施按规定要求进行经常性的维护保养，并对部分机件的轻微损坏进行维修和调整。小修保养可分为常规保养、常规检查与测试、软件与数据维护、小修等内容。

常规保养的主要工作内容如下：

①检查或巡视各系统、设备的工作状态、显示参数以及记录其工作环境参数。

②室内外设备的保洁。

③金属构件的除锈、防腐以及连接件的紧固。

④人井、手井积水的排除。

⑤蓄电池的定期放电和保养。

⑥设备和系统的日常数据设置。

⑦各系统的数据备份。

⑧计算机和计算机网络系统的安全维护。

⑨机电系统中机械设备、部件的保养。

⑩机房及机房设备和设施的保养。

常规检查与测试的主要工作内容如下：

①机房环境的测试和调整。

②计算机系统和计算机网络参数与性能的测试和调整。

③数字传输设备与系统的测试和调整。

④通信线路的测试和调整。

⑤供电和接地设备的测试和调整。

⑥视频图像质量的评判和调整。

⑦高速公路交通检测设备的性能测试和校正。

⑧交通诱导显示设备的性能测试和调整。

⑨无线通信设备的测试和调整。

⑩各种计算机外设的测试和调整。

软件与数据维护的主要工作内容如下：

①系统软件维护：及时安装系统软件补丁程序或进行软件升级。

②用户数据维护：对各种数据和其他媒体记录进行维护和备份。

③对应用软件在运行中存在的缺陷、与实际运行要求不相适应的情况，以及不合理的部分进行详尽的记录，提出应用软件的修改要求，完善系统。应用软件的维护主要有应用软件的修改、适应性维护、软件的优化等内容。

小修的主要工作内容如下：

①系统或设备的各种易耗品、易耗部件的定期或按时更换。

②已损部件的修理或更换。

③设备经测试达不到技术要求时的维护或更换。

④已损结构件、预埋件以及机柜机箱的修复。

⑤系统其他必要的维修：小修应以系统正常运行为原则，小修过程不应中断系统的正常运行。对设备和系统的小修可采用定期轮修和发生故障重点检修的方法。

2. 中修工程

中修工程主要包括对已损坏系统设备（部件）的更换和修复、应用软件的局部升级、系统局部扩容等工作内容。实施中修工程时，不应影响系统的正常运行和各项业务的正常开展。

影响系统正常运行的关键系统设备（部件）的更换和修复，可列入故障抢修。对于已达到使用年限的设备（或部件），应结合其性能、实际使用频度或时间进行修复或更换。

在监控、收费等系统的运行管理中，当提出局部的新（或改变现有）的功能和管理要求时，需要对应用软件进行升级。列入中修工程的应用软件的升级应不改变现有应用软件的系统结构和原有的应用软件整体功能。

3. 大修工程

大修工程主要包括系统设备更换、子系统重建和系统局部扩容等工作内容。

（1）系统设备更换。

在不改变原有系统结构和接口技术标准的情况下，更换部分设备、部件和软件（系统软件和应用软件）。

（2）子系统重建。

应按相关技术标准和设计要求进行。

（3）系统局部扩容。

通过系统局部扩容，提高现有系统的处理能力、通信能力和负荷能力，主要包括以下内容：

①增加计算机系统的终端、存储设备等。

②增加收费系统的车道设备。

③增加监控系统的外场设备。

④局部增加通信线缆、设备。

⑤在负荷能力之内，增加供电系统的配电回路。

⑥在负荷能力之内，增加照明系统的灯杆、灯具。

在大修工程中，应对工程涉及的内容进行详细设计，设计应充分考虑现有系统情况，充分利用现有系统的设备、软件和数据。系统设计应完整，与相互系统的关联应良好。

4. 改建工程

改建工程的内容包括以下几项。

（1）机电设备的全面扩容。

（2）通信系统的改造。

（3）应用系统软件的全面升级。

（4）供电与照明系统的改造等。

在改建工程中，应对工程涉及的内容进行详细设计，设计应充分考虑现有系统情况，充分利用现有系统的设备、软件和数据。系统设计应完整，与相互系统的关联应良好。

5. 专项工程

专项工程是在发生自然灾害时，或因其他特殊原因需要对机电系统进行修复或整修的工程，以确保高速公路机电系统迅速恢复正常、良好的技术状态，必要时应进行详细设计。

为保证机电系统的正常运行，各级管理和运行部门应制定各种情况下具体的系统和设备故障抢修与排除的预案。

机电系统中多个设施同时发生故障时，应根据设施在系统中的作用和对系统运行的影响大小，有序地进行故障抢修。

设计应充分考虑现有系统情况，充分利用现有系统的设备、软件和数据。系统设计应完整，与相互系统的关联应良好。

（二）小修保养主要项目和周期

应加强机电系统中各种设备小修保养中的常规保养、常规检查与测试工作。其维护的主要项目和周期应符合相关规定。

1. 常规保养的主要项目和周期

常规保养的主要项目和周期见表 4-1。

表 4-1　常规保养的主要项目和周期

序号	项目	周期	备注
1	设备保洁与数据的备份	日	室内设备，包括收费车道亭内设备
2	收费亭外设备	周	保洁周期
3	监控系统外场设备	季	保洁周期
4	光电缆管道、支架，无线塔架	年	试通维修，人井、手井清扫，排水为半年
5	外场设备箱体、门架与灯架	年	除锈、油漆
6	低压电器装置（包括不间断电源）	年	可结合维修进行

2. 常规检查的主要项目和周期

常规检查的主要项目和周期见表 4-2。

表 4-2　常规检查的主要项目和周期

序号	项目	周期	备注
1	设备的参数、功能与工作状态	日	检查或巡视工作状态与自检观察
2	通信设备总机自检	周	检查
3	闭路电视设备	周	具体见单项检查试验
4	通信线路与通信质量	月	试验
5	应用软件功能及收费、监控外场设备	月	检查
6	变压器与低压开关柜装置	月	观察
7	发电机、灯具、电力电容器和防雷装置	月	观察
8	备品、备件	月	检查

3.常规测试的主要项目和周期

常规测试的主要项目和周期见表4-3。

表4-3　常规测试的主要项目和周期

序号	项目	周期	备注
1	系统目录和文件的维护	月	整理
2	通信设备工作电压与维护终端	月	测试
3	调制解调器发送电平和接收灵敏度	季	检测
4	无线通信设备发射功率、接收灵敏度	季	检测
5	备品、备件	季	按规定进行必要的检测
6	传输设备通路特性与误码率	年	检测
7	光缆接头、全程衰耗、电缆绝缘电阻	年	检测

（三）预防性维护

预防性维护包括经常性维护、周期性维护、重点设备的维护。经常性维护和周期性维护是高速公路机电系统预防性维护的基础工作。应根据机电系统的使用环境，加强机电系统的检查、检测，定期对系统进行保养和调整。应加强对使用时间较长的设备的检查，及时维修、及时保养。

主要设备和部件的使用年限见表4-4。

表4-4　主要设备和部件的使用年限

序号	设备或部件种类	年限
1	一般计算机终端	大于5年
2	工控机	5年
3	PC服务器	5年
4	计算机网络设备	大于8年
5	针式打印机打印头	按击打次数
6	图像监视器	按累计显示时间
7	摄像机	6年
8	防护罩和云台	产品设计寿命

续表

序号	设备或部件种类	年限
9	通信光缆	大于 15 年
10	通信电缆	大于 15 年
11	数字交换机	大于 10 年
12	数字传输设备	大于 10 年
13	环形线圈检测器	8 年
14	LED 可变信息标志、可变限速标志和指示灯	产品设计使用年限
15	电动栏杆的机械传动部件	按起落次数
16	车道收费计算机键盘	按按键次数
17	变压器绝缘物	20 年

预防性维护要制订详细的维护计划，落实维护经费，并制定预防故障的措施。为做好预防性维护工作，保持机电系统正常进行，设备（软件）应有备品备份。无论机电系统预防性维护是由使用部门进行，还是由供货商进行，都应配备相应的管理人员。加强技术培训，使操作人员和管理人员对系统有深入的了解，特别是在系统更新或升级后，需要及时进行培训。

交通监控系统的正常运行对交通事故率的降低、道路的畅通有着重要的作用，收费系统的运行状况会影响收费、结算、清分的准确性，通信系统、供电系统则直接影响着监控系统、收费系统的运行，供电与照明系统对安全和系统的运行有直接的影响。因此，必须重视高速公路机电系统的预防性维护，做好日常维护和周期性维护，降低故障率，确保机电系统的正常运行，不断提高高速公路的服务水平。

第三节 高速公路的绿化养护

一、高速公路绿化养护内容及要求

（一）高速公路绿化养护内容

高速公路绿化是绿化国土的重要组成部分，也是高速公路建设的组成部分。

绿化的目的是稳固路基、保护路面、美化路容、改善环境、减小噪声、舒适旅行、诱导行车视线，绿化也是防沙、防雪、防水害的主要措施之一。

所有高速公路养护管理部门都应配备专职人员负责高速公路绿化工作，合理地利用高速公路两侧边坡、分隔带和沿线空地等一切可绿化的高速公路用地范围，种植乔木、灌木、草皮、花卉和营造小型园林等。

高速公路绿化按其栽植位置、作用和性质，主要划分为防护林带、风景林和美化沿线景观的小型园林、花圃、草坪等。进行高速公路绿化时应根据高速公路等级，对绿化的功能要求，所在区域的环境、气候条件，沿线地形、土质等情况，进行栽培设计，选择绿化植物种类，做好乔木与灌木、针叶与阔叶、常青与落叶、木本与草本花卉的结合，并结合沿线自然景观布设景点，以达到防护与观赏相结合的目的，改善高速公路绿化美化效果，丰富高速公路景观。

在山区，应发展具有防护效能的绿化工程，如防护林带、灌木、草皮护坡等，以储蓄水分，滞缓地表径流，减轻水土流失，起到固土防坍的作用。

在平原区，应配合农田水利建设和园林化的总体规划要求，一般可栽植2～3行防护林带，以减轻或消除风、沙、雪、水等危害；在平交路口、桥梁、立交、环岛及分隔带、服务设施区等地，应配植观赏灌木、矮林、花木或多年生宿根植物，以美化路容。

在草原区，应在线路两侧栽植以防风、防雪为主的防护林带，以阻挡风、雪侵蚀危害高速公路。

在风沙危害地区，应选择固沙、耐干旱、根系发达的树种，以营造高速公路防风、固沙林带为主。

在盐碱区，应选择耐盐碱、耐水湿的乔木、灌木树种，配植行数较多的林带，以降低地下水位，改善土的结构。

在旅游区，如通往名胜古迹、风景疗养区及重要港口、水库、机场等的高速公路，应以美化为主，营造风景林带，配植有观赏价值的果树、常绿树、灌木、花卉等，美化设施，营造常年有花、四季常青的优美舒适环境。

养护基层单位（高速公路段、道班等）的庭院应以方便生活、便于工作、利于生产的原则进行绿化；高速公路沿线的广场、分隔带、立交桥等附近空地以及停车场、休息区等地，应根据环境条件，借助自然山水、地形、地貌，设置绿篱、凉亭、池塘、花坛、草坪等，以更好地绿化、美化高速公路。

（二）高速公路绿化养护要求

高速公路绿化对保持景观效果、发挥生态效能、保障行车安全等具有重要作用。由于高速公路特定的环境条件，栽植的各种花草树木要实现正常生长，体现绿化效果，必须加强养护管理工作。否则不论选种、栽植多好，也达不到美化效果。因此，在高速公路绿化越来越受到重视的情况下，进一步重视和研究绿化养护的管理技术，进而建立一整套行之有效的措施，显得十分必要。

1. 水分管理

目前，高速公路绿化带尤其是中央分隔带的绿化养护管理，由于战线长、数量多，又无自然喷灌系统设施，土壤持水量小，土质多为修建高速公路时遗留的杂质土，中央分隔带的花草树木所需水分主要靠人工补给。

在日常养护中，浇水次数多少，根据天气状况和旱情而定，以保证各种植物正常生长为原则。在自然降雨量少的情况下，特别容易出现旱情，必须掌握好生长期的浇水（4～10月的浇水次数）、休眠期的浇水（11月上中旬的封冻水，2月中下旬至3月上旬的解冻水）。每次灌水量水深15～20 cm，如因坑小水量不足可连浇两次，不可水量过小，不能只浇表皮。

浇水应依次进行，以防漏浇。浇水必须适时，不能等旱情特严重时进行。在有条件的情况下，浇水后要适时松土除草，既减少土壤水分蒸发，又减少杂草与树木争水争肥，以利于保墒、通气和根系发达。院落、立交草坪应见干即浇，而中央分隔带的草皮一般随浇树时进行。

2. 养分管理

在水分正常供应的情况下，要保证植物的正常生长发育，必须有相应的营养元素和养分物质的供应。中央分隔带树木数量多、线长，若用农家肥，则用料量太大，最好施用叶面肥。院落、立交匝道、广场等面积集中，土质较好，施肥量及次数可相应减少。

基肥一般在深秋和初冬进行，此时树木从根茎以上均处于休眠期，而地下部分还处于高峰期，有利于根伤愈合，增加土壤孔隙度，有利于保墒。

　　施肥的季节应根据植物的生长特点决定，由于高速公路里程较长，施肥的次数一年两次为宜，最好与灌溉工作有机结合。施肥的时间一般在 4 ～ 6 月底前进行，不宜太晚，否则易引起树木抽条，不利于越冬。肥料成分应以氮、磷、钾为主，施肥后最好跟上浇水，以免肥效散失。

　　3. 整形修剪

　　高速公路上行车速度快，空间封闭，必须确保绿化植物不会影响司机的行车安全，因此要及时对中央绿化带、边坡、立交等区域的绿化植物进行定期修剪。

　　花灌木在修剪时间上应注意，凡先开花后出叶的，如榆叶梅、紫荆等，应在春季开花后压缩修剪老枝，适当疏剪弱枝，以促发壮枝，有利于次年开花。对乔木、灌木的修剪主要是为了提高成活率，培养树形，同时减少自然伤害。因此，应在树冠不影响美观的前提下适当重剪，其生长期修剪一般在 5 ～ 6 月，休眠期修剪一般在 10 ～ 11 月。但要注意，中央分隔带的刺柏、龙柏类由于生长相对比较缓慢，一般每年 10 ～ 11 月修剪一次；黄杨每年在生长期和休眠期均要修剪。

　　立交区、院落、收费广场等树木的整形修剪，要本着"造型各异，美观大方"的原则，根据环境中的建筑物、地形地貌确定方法，还应保持原有设计图案形状，描绘出具有不同风格的园林艺术图案。修剪时尽可能添枝着色。

　　4. 病虫害防治

　　由于高速公路绿化线长、面积大、养护管理难度大，所以病虫害应以防为主，防治结合。要经常巡视，发现病虫害应及时防治，若不及时防治则会迅速蔓延。

　　在设计上注重绿地植物配置的合理性，注重混交，防止因配置不当而造成病虫害的发生。平时做好测报工作，做到早发现、早治疗。这样能收到事半功倍的效果。

　　预防性打药在每年的 3 月、10 月各进行一次。喷药时间应在晴天、无风的早晨或下午进行；使用农药时要"巧、准、狠"；不能长期使用某一种农药；要对症下药，不能盲目用药；农药的浓度要适度；喷药时要从叶上部和背部均匀喷洒，不得有遗漏。在实际工作中，要合理选用生物农药和化学农药，扬长避短，充分发挥农药的优越性；秋季在地面至 1 m 左右高的树干上涂刷一次细石灰浆，这样不仅可以防止菌染腐烂，还可以增加美观效果。

二、高速公路树木的栽植与管护

（一）高速公路树木的栽植

在高速公路上植树，要按规定，在高速公路路肩上不得植树。

在高速公路上植树，乔木及灌木的株行距一般要根据不同树种和冠帽大小来确定：速生乔木，株距 4～5 m，行距 3～4 m；冠大蔓生的株距 8～10 m，行距以 4～6 m 为宜；灌木的株行距以 1 m 为宜，灌木球的株距以 6～8 m 为宜。

各类树木应以品字形交错栽植，同一树种的路段不宜过长。具体的栽植横断面可按规范选取。

行道树、防护林及风景林等，不宜全线（段）采用单一树种，要根据情况有计划地配置适宜树种，分段轮换栽植（每段至少 1 km）。

栽植高速公路树木，应按高速公路绿化工程设计及任务大小，合理安排和组织劳力，做好整地、画线、定点、挖坑；及时选苗、起苗、运苗，在春、秋季适当时期进行栽植。

行道树和风景林一般用明坑栽植。属于无性繁殖的树种，可埋干栽植。防护林的栽植，应按因地制宜、因害设防的原则进行。一般防洪、防雪林带应密植；防风、防沙林带应留有适当的通风空隙；防护路基边坡的灌木丛、经济林，一般应密植或与乔木混栽。

选苗工作应考虑当地的土壤、气候条件，选择速生和经济价值较大的树种及健壮优良的树苗。树苗要发育正常，有良好的顶芽；根系发达，有较多的须根；苗茎、苗根没有虫害，且没有影响生长的机械损伤等。坑栽树木，挖坑坑径应比根幅大 5 cm 以上，坑深比根长大 5 cm 以上，以使苗根充分舒展。

移栽树木，应带原土栽植，土球直径一般为树木底径的 8～12 倍，尽量将土球削剪整齐，以保成活。

（二）高速公路树木的管护

高速公路树木的管护是绿化工作中的一项重要工作，也是实现高速公路绿化的成败关键。检验高速公路绿化的指标有三项：成活率、保存率和修剪管护状况。成活率是指栽植后发芽、长叶在一个生长季节以上的苗木占总栽植量的百分数；

保存率是指成活两年以上树木占总栽植量的百分数；修剪管护状况是指修剪是否整齐美观，病虫害是否及时防治。

1. 植物管护的一般方法

（1）植物灌溉。

水是植物各种器官的重要组成部分，也是植物生长发育过程中必不可少的物质。依据园林植物在一年中各个物候期的需水特点、气候特点和土壤的含水量等情况，采用适宜的水源适时适量灌溉，是植物正常生长发育的重要保证措施。灌溉的主要内容包括灌溉时期、灌溉量、灌溉次数、灌溉方式与方法以及灌溉用水。

①灌溉时期。

第一，早春季灌溉。随着气温的升高，植物进入萌芽期、展叶期、抽枝期（即新梢迅速生长），此时北方一些地区干旱少雨多风，及时灌溉显得相当重要。早春季灌溉不但能补充土壤中水分的不足，使植物地上部分与地下部分的水分保持平衡，也能防止春寒及晚霜对树木造成的危害。

第二，夏季灌溉。夏季气温较高，植物生长处于旺盛时期，开花、花芽分化、结幼果都要消耗大量的水分和养分，因此应结合植物生长阶段的特点及本地同期的降水量，决定是否进行灌溉。对于一些进行花芽分化的花灌木要适当控水，以抑制枝叶生长，从而保证花芽的质量。灌溉时间应选在清晨和傍晚，此时水温与地温相近，对根系生长活动影响小。

第三，秋季灌溉。随着气温的下降，植物的生长逐渐减慢，要控制浇水以促进植物组织生长充实和枝梢充分木质化，加强抗寒锻炼。但对于结果植物，在果实膨大时，要加强灌溉。

第四，冬季灌溉。我国北方地区冬季严寒多风，为了防止植物受冻害或因植物过度失水而枯梢，在入冬前，即土壤冻结前应进行适当灌溉（俗称灌"冻水"）。随着气温的下降，土壤中的水分结冰，放出潜热，从而使土壤温度、近地面的气温有所回升，植物的越冬能力也相应提高。灌溉时间应为中午前后。另外，植株移植、定植后的灌溉与成活关系较大。因移植、定植后根系尚未与土壤充分接触，移植又使一部分根系受损，吸水力减弱，此时如不及时灌水，植株就会因干旱而生长受阻，甚至死亡。一般来说，在少雨季节移植后应间隔数日连续灌水2～3次。但对大树、大苗的栽植应注意：不能灌水过多，否则新根未萌，老根吸水能力差，易导致烂根。

②灌溉量。

木本植物相对于草本植物较耐旱，灌溉量要小。植物生长旺盛期，如新梢迅速生长期、果实膨大期，灌水量应大些。质地轻的土壤如沙地，保水保肥性差，宜少量多次灌溉，以防土壤中的营养物质随灌水流失而使土壤更加贫瘠。黏重的土壤通气性和排水性不良，对根系的生长不利，灌水量要适当多些；盐碱地灌溉量每次不宜过多，以防返碱或返盐。根据植物需水期的大气状况来确定灌溉量。春季干旱少雨时期，应加大灌溉量；夏季降雨集中时期，应少浇或不浇。掌握灌溉量大小的一个基本原则是保证植物根系集中分布层处于湿润状态，即根系分布范围内的土壤湿度达到田间最大持水量的70%左右。

③灌溉次数。

一、二年生草本花卉及球根花卉（如凤仙花、大花三色堇、郁金香、仙客来、马蹄莲等）容易干旱，灌溉次数应较宿根花卉和木本花卉（如万年青、大花君子兰、茉莉、变叶木等）为多。北方地区露地栽培的花木，入冬土壤封冻前要浇一次透水，以防止冬寒及春旱，春夏季植物生长旺盛期，一般每月浇水2～3次，阴雨或雨量充沛的天气要少浇或不浇，秋季要减少浇水量，如遇天气干燥，则每月浇水1～2次。疏松的土质如沙土，灌溉的次数应比黏重的土质多。晴天风大时应比阴天无风时多浇几次。原则是只要水分不足就要立即灌溉。

④灌溉方式与方法。

一般根据植物的栽植方式来选择。灌溉的方式与方法多种多样，在园林绿地中常用的有以下几种：

第一，单株灌溉。单株灌溉是指对于露地栽植的单株乔木、灌木，如行道树、庭荫树等，先开堰，利用橡胶管、水车或其他工具，对每株树木进行灌溉。灌水应使水面与堰埂相齐，待水慢慢渗下后，及时封堰与松土。

第二，漫灌。漫灌适用于在地势平坦的地方群植、林植的植物。这种灌溉方法耗水较多，容易造成土壤板结，注意灌水后及时松土保墒。

第三，沟灌。沟灌是指在列植的植物如绿篱等旁边开沟灌溉，使水沿沟底流动，浸润土壤，直至水分渗入周围土壤为止。

第四，喷灌。用移动喷灌装置或安装好的固定喷头对草坪、花坛等用人工或自动控制方式进行灌溉。这种灌溉方法基本不产生深层渗漏和地表径流，省水、省工、效率高，且能避免低温、高温、干热风对植物的危害，改善植物的绿化效果。

⑤灌溉用水。

灌溉用水以软水为宜，避免使用硬水。自来水、不含碱质的井水、河水、湖水、池塘水都可用来浇灌植物。在灌溉过程中，应注意灌溉用水的酸碱度对植物的生长是否适宜。北方地区的水质一般偏碱性，对于某些要求土壤中性偏酸或酸性的植物种类来说，容易出现缺铁现象。

（2）植物施肥。

施肥方式与方法如下：

第一，环状沟施肥法。在树冠外围稍远处挖 30 ～ 40 cm 宽环状沟，沟深视树龄、树势以及根系的分布深度而定，一般深 20 ～ 50 cm，将肥料均匀地施入沟内，覆土填平灌水。随树冠的扩大，环状沟每年外移，每年的扩展沟与上年沟之间不要留隔墙。此法多用于幼树施基肥。

第二，放射沟施肥法。以树干为中心，从距树干 60 ～ 80 cm 的地方开始，在树冠四周等距离地向外开挖 6 ～ 8 条由浅渐深的沟，沟宽 30 ～ 40 cm，沟长视树冠大小而定，一般沟长的 1/2 在冠内，1/2 在冠外，沟深一般为 20 ～ 50 cm，将充分腐熟的有机肥与表土混匀后施入沟中，封沟灌水。下次施肥时，调换位置开沟，开沟时要注意避免伤大根。此法适用于中壮龄树木。

第三，穴施法。在有机肥不足的情况下，基肥以集中穴施最好，即在树冠投影外缘和树盘中，开挖深 40 cm、直径 50 cm 左右的穴，其数量视树木的大小、肥量而定，施肥入穴，填土平沟灌水。此法适用于中壮龄树木。

第四，全面撒施法。把肥料均匀地撒在树冠投影内外的地面上，再翻入土中。此法适用于群植、林植的乔木、灌木及草本植物。

施肥深度和范围：施肥主要是为了满足植物根系对生长发育所需各种营养元素的吸收和利用。只有把肥料施在距根系集中分布层稍深、稍远的部位，才有利于根系向更深、更广的方向扩展，以便形成强大的根系，扩大吸收面积，提高吸收能力。因此，从某种角度来看，施肥深度和范围会对施肥效果产生影响。施肥深度和范围要根据植物种类、年龄、土质、肥料性质等而定。木花卉、小灌木如茉莉、米兰、连翘、丁香、黄栌等和高大的乔木相比，施肥相对要浅，范围要小。幼树根系浅，分布范围小，一般施肥较中、壮龄树浅、范围小。沙地、坡地和多雨地区，养分易流失，宜在植物需要时深施基肥。氮肥在土壤中的移动较强，浅施也可渗透到根系分布层，从而被树木吸收；钾肥的移动性较差，磷肥的移动性更差，因此应深施到根系分布最多处。由于磷在土壤中易被固定，为了充分发挥肥效，施过磷酸钙和骨粉时，应与厩肥、圈肥、人粪尿等混合均匀，堆积腐熟后作为基肥施用，效果更好。

施肥量：施肥量受植物的种类、土壤的状况、肥料的种类及各物候期需肥状况等影响。施肥量根据不同的植物种类及大小确定，喜肥的多施，如梓树、梧桐、牡丹等；耐瘠薄的可少施，如刺槐、悬铃木、山杏等。开花结果多的大树较开花结果少的小树多施；一般胸径 8 ～ 10 cm 的树木，每株施堆肥 25 ～ 50 kg 或浓粪尿 12 ～ 25 kg；10 cm 以上的树木，每株施浓粪尿 25 ～ 50 kg；花灌木可酌情减少。

（3）植物除草松土。

除草松土一般同时进行。在植物的生长期内，一般要做到见草就除，除草即松土。

除草松土的次数要根据气候、植物种类、土壤等而定。如乔木、大灌木可两年一次，草本植物则一年多次。具体的除草松土时间可以安排在天气晴朗时或雨后，土壤不能过干和过湿，以获得最佳的除草保墒效果。

除草松土时应避免碰伤植物的树皮、顶梢等。生长在地表的浅根可适当削断。松土的深度和范围应视植物种类及植物当时根系的生长状况而定，一般树木范围在树冠投影半径的 1/2 以外至树冠投影外 1 m 以内的环状范围内，深度 6 ～ 10 cm；对于灌木、草本植物，深度可在 5 cm 左右。

（4）露地植物越冬。

覆盖法：在霜冻到来前，覆盖干草、落叶、草席、牛粪等，直至翌年春天晚霜过后去除。此法常用于两年生花卉、宿根花卉，以及可露地越冬的球根花卉和木本植物幼苗。

灌水法：在北方一些地区，土壤冻结前，利用水热容量大的特点进行冬灌来提高地面的温度，保护植物不受冻害。

培土法：结合灌冻水，在植物根茎处培土堆或壅埋、开沟覆土压埋植物的茎部来进行防寒，待春季萌芽前扒开培土即可，此法多用于花灌木、宿根花卉、藤本植物等。

（5）园林绿地养护管理措施。

1月，矮灌木配合冬剪，剪去病枯枝。

2月，进行草坪早春管理，检查草坪萌芽返青情况。

3月，全面检查草坪土壤的平整情况，如低洼处适当增添薄层土，铺平后浇水、镇压，对成片空秃或返青较差的部位及时补种。随气温回升，一些害虫开始活动，要及时施药，做好对蚜虫、地老虎等害虫的防治；加施春肥，促进花蕾的形成和发育，对树木进行返青后的浇灌。

4月，绿地进入复苏阶段，要防止踩踏。根据草坪高度，进行第一次剪草。本月是防治害虫的关键时期，应密切注意并有针对性地施药、灭虫、浇水。

5月，植物进入旺盛生长期，要及时修剪并进行防旱浇水、苗木扶正。应对早春开花的灌木进行整形修剪。

6月，地被进入夏季养护管理阶段，应注意对春花植物施花后肥。注意蚜虫和红蜘蛛等害虫的防治，及时打药灭虫，并做好防大风和防汛准备工作。

7月，进行常规修剪，使用除草剂，对草坪的杂草进行剔除。继续防治蚜虫、红蜘蛛等植物病虫害。

8月，草坪、地被、乔木管理同7月。

9月，草坪、地被、乔木管理同7月，对秋花地被进行施肥。

10月，提升草高度，对地被进行整理，去徒长枝、竖向枝。做好植物防寒越冬准备。

11月，施加冬肥，浇灌越冬水。对苗木进行整形修剪，清除杂草、落叶、枯枝，继续加强植物防寒越冬准备。

12 月，养护管理同 11 月。

2. 园林树木的修剪与整形

（1）园林树木修剪与整形的意义。

狭义的修剪是指对树木的某些器官（如枝、叶、花、果等）加以疏除或短截，以达到调节生长、开花结实的目的；广义的修剪包括整形。所谓整形，是指用剪、锯、捆扎等方法，使树木长成栽培者所期望的特定形状。现习惯将二者统称为"整形修剪"。

①整形修剪的意义。

第一，促进生长。剪去不需要的部分，使养分、水分集中供应留下枝芽，促使局部的生长，但修剪过重，则对整体又有削弱作用，这被称为"修剪的双重作用"。

第二，培养树形，调节矛盾。因园林艺术上的需要，将树整修成规则或不规则的特种形体。一些企业设施复杂，常与树木发生矛盾。例如上有架空线，下有管道、电缆等，有些树触挂电线，这就要靠修剪来解决。

第三，减少伤害。通过修剪可以剪去生长位置不当的密生枝、徒长枝及带有病虫的枝条，以保证树冠内部通风、透光，也可避免相互摩擦而造成的损伤。第四，促使开花结果。对于观花、观果或结合花、果生产的花树种，可以通过修剪，调节营养生长与花芽分化，促使其提早开花结果，获得稳定的花果产品或改善观赏效果。

②整形修剪的原则。

园林树木整形修剪受树木自身和周围环境等许多因素的制约，是一项理论与实践结合性很强的工作。整形修剪首先要"符合自然规律原则"，适应树木的自然树形及其分枝习性，还要符合"艺术原则"，使树木的姿态、形状符合园林景观的需要。

（2）园林树木修剪整形的方法及注意事项。

修剪分为休眠期修剪与生长期修剪。休眠期修剪应在树液流动前进行。除常绿树和不宜冬剪树木外，都应在休眠期内进行一次整形修剪。其中有伤流的树应避开伤流期。

抗寒力差的树种，宜在早春修剪。易流胶的树种，如桃、槭等，不宜在生长季修剪。

修整方法及注意事项如下。

第一，剥芽。在树木萌芽的生长初期，徒手剥去树干无用的芽叫"剥芽"（又叫"抹芽""摘芽"）。剥芽时，应注意选留分布和方向合适的芽。对有用的芽进行保护，不可损伤。为了防止留下的芽受到意外的损伤，影响以后发枝，每枝条应多保留 1～3 个后备芽，待发芽后，再次选择疏剪。

第二，去蘗。除去主干或根部萌发的无用枝条叫"去蘗"。在蘗枝比较幼嫩时，可徒手去蘗。已经木质化的，则应用剪子剪或平铲铲除，但要防止撕裂树皮或是留枯桩。去蘗应尽早。

第三，疏枝。将枝条从基部剪去，就是"疏枝"。乔木疏枝，剪口应与着生枝干平齐，不留残桩；丛生灌木疏枝应与地面平齐。簇生枝及轮生枝需全部疏去者，应分次进行，即间隔先疏去其中的一部分，待伤口愈合后，再疏去其他的枝条，以免伤口过大影响树木生长。

第四，短截。截去枝条的先端的一部分或大部分，保留基部枝段的剪法叫"短截"。剪去的部分与保留的部分的比例，应根据不同需要而定，剪口的位置应选择在适合的芽上约 0.5 cm 处，空气干燥地区应适当长留，湿润地区可短留。剪口应成斜面并平齐光滑。选择的剪口芽一定要注意新发枝条适合的方式。剪口下第一芽发枝弱，而剪口下第二芽发枝强，以后芽发枝依次减弱。在树木生长时期，除去枝条先端嫩梢，称为"摘心"，也属于短截范围。

第五，锯截大枝。对于比较粗大的枝干，进行短截或疏枝时，多用锯进行，锯口应平齐，不劈不裂。在建筑及架空线附近，截除大枝时，应先用绳索，将被截大枝捆吊在其他生长牢固的枝干上，待截断后，慢慢松绳放下，以免砸伤行人。基部突然加粗的大枝，锯口不要与着生枝平齐，而应稍向外斜，以免锯口过大。较大的截口，应抹防腐剂保护，以防水分蒸发或病虫及腐朽滋生。

第六，抹头更新。对于一些无主轴的乔木，如柳、槐等，若发现其树冠已经衰老，病虫害严重，或因其他损伤已无发展前途，而主干仍很健壮，可将树冠自分枝点以上全部截除，使其重新发枝，这叫"抹头更新"。此方法不适用于萌发力弱的树种。

（3）园林树木修剪整形的时间。

花灌木整形必须根据树木花芽分化类型或开花类别、观赏要求来进行。

春季在隔年生枝条上开花的灌木（分夏秋分化型），如梅花、樱花、迎春、海棠、丁香、榆叶梅等，其花芽在上年夏秋分化，经一定累积的低温期于今春开花。应在开花后 1～2 周内适度修剪。果树多在休眠期修剪。观花兼观果灌木，如枸骨应在休眠期轻剪。

夏秋在当年生枝条上开花的灌木，如紫薇、绣球、木槿、玫瑰、月季等。其花芽当年分化，当年开花，应于休眠期（花前）重剪，有利于促发枝条，促使当年花芽分化，并开好花。

（4）树木整形的形式。

自然形修剪：自然形能体现园林的自然美。以树木分枝习性、自然生长形成的冠形为基础，进行的修剪叫自然形修剪。一般只对扰乱树形的枝条、病虫枝、枯枝、过密的枝做些修剪，此法适合松柏类树种。

造型修剪：为了达到造园的某种特殊目的，不使树木按自然形态生长，而是人为地将树木修剪成各种特定的形态，称为造型修剪。修剪形式有悬挂式、棚架式、圆球式，剪成各种整齐的几何形体（正方形、球形、圆锥体等）或不规则的人工形体，如鸟、兽等动物造型。

（5）松柏类植物的修剪整形。

松柏类大多孤植于草坪，或用作行道树。而为使树干形成上下完整圆满的树体，对下部枝条一般不进行修剪，只对一些病虫枝、枯死枝以及影响树形的枝条进行修剪。对于主干明显，有中央领导枝的单轴分枝树木，修剪时应注意保护顶芽，防止偏顶而破坏冠形；如果作为灌木培养，在距离地面 30 cm 处去尖修剪。对自然铺地生长的沙地柏、鹿角松、爬地柏等采用匍匐式修剪方法。

3. 树体的保护与修补

（1）树体的保护与修补原则。

树体的保护必须遵循"预防为主"和"治早、治小、治了"的原则，采取慎重的科学态度，对症下药，综合防治，以保证树木不受或少受病虫害。

（2）树干伤口及树洞的处理。

树干伤口多是碰撞、鼠害、虫咬造成的，多用塑料薄膜扎好伤口，以防风干，促进愈合。

一些古树干上会出现空洞，特别是古槐最为常见，树洞内藏污纳垢，不但影响树木生长发育，而且不利于观瞻和游人的安全。所以发现树木空洞，除有观赏价值外，一般应及时填补，时间最好在愈合组织迅速活动之前进行。填补树洞的方式主要是由麻刀灰砌补。先清除已腐朽的部分，并利用利刀刮净空洞的内壁，涂以防腐剂，太深的洞里面可以填砌砖石，但对腐朽严重的应改内钉木等，外抹麻刀灰，最外抹青灰或水泥。

（3）大树的支撑保护。

有些大树树姿奇特，枝干横生。但由于树冠生长不平衡，容易引起根部负荷不平衡，发生倾斜或倒伏的问题，因此对于生长不均衡的树木主干、延伸较长的枝杈，都应加设立支柱或在树干适当部位打桩，以防风折。

三、草皮的种植及管护

（一）草皮种植技术

草皮在高等级高速公路及城市道路绿化中应用较多，主要应用于路肩、边坡、路堤、分隔带、交通岛及沿线空地等。高速公路种植草皮能防尘固沙，防止水土流失，巩固路基，调节气候，吸附有害物质，达到绿化、美化、净化高速公路环境的效果，从而有助于提供安全、舒适、优美的行车环境。

1. 草种选择

草种选择是种植草皮的关键。高速公路绿化草种的选择要因地制宜、宜路适草。一般来说，本地草种适应能力强，故应首选本地草种；如需从外地调用草种，则应尽量选用生态形式相同或相近的草种，但要先进行引种试验，待引种试验成功后再推广。通常适合高速公路种植的草种应具有易繁殖、耐修剪、耐践踏、生长迅速、生长期较长、抗旱、抗热、耐寒、耐潮湿等特点。

2. 种植技术

目前种植草皮的方法有三种，即播种法、播茎法和铺植法。

（1）播种法。

草皮种子（或种子与细土混合均匀）采用撒播或条播，一般在春季或秋季进行。播种量可根据经验确定，如狗牙草每亩[①]0.5 kg，假俭草每亩 5 ～ 7 kg，结缕草每亩 6 ～ 7 kg。

（2）播茎法。

凡匍匐茎发达的草种，如细叶结缕草、狗牙根等，可采用播茎，就是将草皮铲起、抖落或用水冲掉根部附土，分开根部，用剪刀剪成小段，每段至少具有一节，一般每小段长为 4 ～ 10 cm，将茎的小段均匀撒播，覆压 1 cm 厚的细土，稍予填压，及时喷水，以后每天早、晚各喷一次，待生根后，逐渐减少喷水。播茎一般在春季发芽开始时进行。

（3）铺植法。

铺植草皮在高速公路绿化中较为常见，主要有密铺、间铺、条铺、点铺，基本步骤是：掘起草皮，取一定宽度的木板放于草皮上，沿木板边缘切取草皮，厚度一般为 3 ～ 5 cm，同时，将草皮卷起捆扎好。运输草皮时，要用湿布覆盖草皮。按设计要求铺植草皮，草皮铺植完毕后，在草面上用木板或滚轴压紧压平，使草面与四周土面平，这样可使草皮与土壤密接，以防干旱，在铺植草皮前或铺植后应充分浇水。草皮的铺植一般在春、秋两季进行，雨季铺植最易成功。

（二）草坪的施工与管理

1. 草坪整地

草坪整地的主要操作内容包括挖（刨）松土、整平、清理、施肥等，必要时还要换土。对于有特殊要求的草坪，如运动场草坪，还应设置地下排水设施。

（1）土壤准备。

草坪植物根系分布的深度一般为 20 ～ 30 cm。如果土质良好，有时草根可以深入地下 1 m 以上，在这种条件下，地上部分自然表现良好。种植草坪的土壤，厚度不宜少于 40 cm，必须耕翻疏松，为草坪植物的生长创造良好的生活条件，并把影响草坪建植的岩石、碎砖瓦块等清除掉。

（2）施底肥。

在土壤养分贫乏和酸碱度不适时，为提高土壤肥力，在种植前要施用底肥和

①亩为非法定计量单位，1 亩 ≈ 666.7 m²。

土壤改良剂。底肥主要包括磷肥和钾肥，有时也包括其他中量和微量元素，最好使用优质有机肥料做基肥。

施肥量：每亩可施农家肥 2 500 ～ 3 000 kg，或麻渣 1 000 ～ 1 500 kg。如需施磷肥，可每亩施过磷酸钙 10 ～ 15 kg。无论是何种肥料，都应粉碎、撒匀或与土壤搅拌均匀，撒后翻入土中。

（3）防虫。

为防治地下害虫，保护草根，可在施肥的同时，施以适量农药，必须注意撒施均匀，避免药粉成团块状，影响草坪植物成活。

（4）整平。

完成以上工作以后，按设计标高将地面整平，并注意保持一定排水坡度（一般采用 0.3% ～ 0.5% 的坡度）。草坪场地千万不可出现坑洼之处，以免积水。最后用碾子轻轻碾压一遍。

体育场草坪对排水的要求更高，除应注意做好地表排水（坡度一般采用 0.3% ～ 0.7%）外，还应设置地下排水系统。有些地段采用盲沟排水法。

整地质量好坏是草坪建植成败的关键，要认真对待。

2. 草坪播种

大部分冷季型草能用种子建植法建坪。暖季型草坪草中，假俭草、野牛草和普通狗牙根等均可用种子建植法建植。种子建植法的优点是比其他繁殖方法快，缺点是杂草容易侵入，养护管理要求较高，形成草坪的时间比其他繁殖方法要长。

（1）播种时间。

播种时间主要根据草种与气候条件来决定。播种草籽，自春季至秋季均可进行。冬季不过分寒冷地区，以早秋播种为最好，此时土温较气温高，根部发育好，耐寒力强，有利于过冬。以北京地区为例，夏末秋初（8 月下旬至 9 月上旬）播种最适合，此时雨季刚过，土壤墒情较好，气温尚高，有利于草籽发芽，而且一般杂草都已发芽。杂草可于播种前清除，以免和草坪竞争。草籽出芽后还有一段生长时间，次年开春就能迅速萌发盖满地面，增强了与杂草的竞争能力，可以很快形成草坪，而其他时间都有些不易解决的问题。如春季，天气干旱，土壤湿度小，气温低，不利于草籽发芽，且和杂草共生，管理非常费工；而雨季高温多雨，虽有利于草籽发芽，但遇暴风雨会冲刷草籽，造成出苗不均的现象。如播种过晚（迟于 9 月中旬），因生长期太短，不利于越冬，影响来年的生长发育。由于各地气候条件不同，应因地制宜地选择本地区最适宜的播种时间。草坪在冬季越冬有困难的地区，只能采用春播。但春播苗多易直立生长，播种量应稍多些。

（2）播种量。

播种所遵循的一般原则是保证足够量的种子发芽，每平方米出苗应在 10 000 ～ 20 000 株。影响种子播种量的因素有种子的发芽率、幼苗的活力、所播草坪草的生长习性、要求的建坪速度、种子价格、杂草竞争能力、潜在的病害和建坪后的栽培管理制度。一般草坪的播种量在 25 ～ 40 g/m^2。

（3）播种。

草坪草播种的要求是把大量的种子均匀地播撒于种床上，并把它们混入 6 ～ 10 mm 深的表土中。播种过深或者没把它们混入土壤中都会导致出苗减少。如播得过深，幼苗在进行光合作用和从土壤中吸收营养元素之前，会因胚胎内储存的营养不能满足自身的营养需求而死亡。播种过浅，没有充分混合时种子会被地表径流冲走，或发芽后干枯。

表土疏松，播种后易于把种子混入土壤中，发芽出苗均匀一致。播种后，应对坪床进行滚压，以便使种子与土粒接触。如不进行滚压，应覆盖地面覆盖物，以减少水分损失，防止发生土壤和种子侵蚀。

播种的关键技术是把种子均匀地撒于坪床上，只要能达到均匀播种，用任何播种方法都可以。很多草坪是采用人工播种的方法建成的。但是，这要求播种者技术熟练。这种方法适宜小面积的播种。大面积播种时应用机械完成，这样质量才能得以保证，效率才能得以提高。

由于下落式播种机播种时受风及种子的影响小，而优于旋转式播种机，但效率低于旋转式播种机。大面积播种时最好使用大型播种机，不但效率高，播种质量高，还能实现播种、滚压一次完成。

（4）喷播。

喷播是一种把草坪种子加入水流中进行喷射播种的方法。喷播机上安装有大功率、大出水量单嘴喷射系统，把预先混合的种子、黏结剂、覆盖材料、肥料、保湿剂、染色剂和水的浆状物，通过高压喷到土壤表面。施肥、覆盖与播种一次操作完成，特别适宜陡坡场地，如高速公路、堤坝等大面积草坪的建植。使用喷播方法时，混合材料选择及其配比是保证播种质量效果的关键。喷播使种子留在表面，不能与土壤混合和进行滚压，因此通常需要在上面覆盖植物（秸秆或无纺布）才能获得满意的效果。当因气候干旱土壤水分蒸发量太大、蒸发速度太快时，应及时喷水。

（5）植生带。

草坪植生带是指把草坪草种子均匀固定在两层无纺布或纸布之间形成的草坪建植材料。为了适应不同的建植环境，有时还会加入不同的添加材料，如保水的纤维材料、保水剂等。生产植生带的材料为天然易降解有机材料，如棉纤维、木质纤维、纸等。植生带具有无须专门播种机械、铺植方便、适宜不同坡度地形、种子固定均匀、防止种子冲失、减少水分蒸发等优点，但费用会增加，小粒草坪种子（例如剪股颖种子）出苗困难，运输过程中可能引起种植脱离和移动，造成出苗不齐，种子播量固定，难以适应不同场合等。某些生产厂家为了降低成本、降低种子量，没有保证草坪草基本苗数，造成了草坪质地变粗、杂草增加等问题。

3. 草坪营养体建植

用于建植草坪的营养繁殖方法包括铺草皮、直栽法、插枝条和匍茎法。除铺草皮外，以上方法仅在强匍匐茎和强根状茎生长习性的草坪繁殖建坪中使用。营养体建植与播种相比，主要优点是见效快。无论是种子建植还是无性建植，草坪草的健壮生长都要有良好的土壤通气条件、水分和矿物质。因此，无论采用何种建植方法都应细心准备坪床。

（1）铺草皮。

铺草皮是最昂贵的建植草坪方法，它在一年中任何时间内都能生成"瞬时草坪"。新铺的草坪不能承受踏踩或娱乐活动，需要几周或几个月的时间重新扎根生长。

铺草皮时，要求坪床潮而不湿。如果坪床过于干燥，特别是在高温下，即使铺后立即灌水，草坪草根系也会受到伤害。草皮应尽可能薄，以利于快速扎根。

搬运草皮时要小心，不能把草皮撕裂或过分拉长。

铺设时应把所铺的草皮块调整好，使相邻草皮首尾相接，并轻轻压实，以便与土壤均匀接触。当把草皮铺在斜坡上时，要用木桩固定，等到草坪草充分生根，并能够固定草皮时再移走木桩。

在草皮之间和各暴露面之间的裂缝用过筛的土壤填紧，这样可以减少新铺草皮的脱水问题。填缝隙的土壤应不含杂草种子，这样可以把杂草减少到最低限度。

（2）直栽法。

直栽法是种植草坪块的一种方法。最常用的直栽法是栽植正方形或圆形的草坪块。另一种直栽法是把草皮切成大小的草坪草束，按一定的间隔尺寸栽植。还有一种直栽法是采用在果岭通气打孔过程中得到的多匍匐茎的草坪束（如狗牙根和匍匐剪股颖）来建植草坪。把这些草坪束撒在坪床上，经过滚压使草坪束与土壤紧密接触，使坪面平整。由于草坪束上的草坪草易于脱水，因而要经常保持坪床湿润，直到草坪草长出足够的根系。

（3）插枝条法。

插枝条法不像直栽草块和铺草皮那样，草坪草枝条上不带土，因此它们在干、热条件下易于脱水。插枝条法主要用来建植有匍匐茎的暖季型草坪草，但也能用于匍匐剪股颖。通常，把枝条种在条沟中，相距 15 ～ 30 cm，深 5 ～ 7 cm。每根枝条要有 2 ～ 4 个节，栽植过程中，要在条沟中填土后使一部分枝条露出土壤表层。插入枝条后要立刻滚压和灌溉，以加速草坪草的恢复和生长。也可用上述直栽法中使用的机械来栽植枝条，它能够把枝条（而非草坪块）成束地送入机器的滑槽内，并且自动地种植在条沟中。有时也可直接把枝条放在土壤表面，然后用扁棍把枝条插入土壤中。

（4）匍茎法。

匍茎法是指把无性繁殖材料（草坪草匍匐茎）均匀地撒在土壤表面，然后覆土和轻轻滚压的建坪方法。一般在撒匍匐茎之前应先喷水，使坪床土潮而不湿，接着用人工或机械把打碎的匍匐茎均匀地撒到坪床上，然后覆土，使草坪草匍匐茎部分覆盖，或者用圆盘犁轻轻耙过，使匍匐茎部分插入土中。轻轻滚压后应立即喷水，保持湿润，直至匍匐茎扎根。

4. 草坪速植的覆盖

覆盖是为了减少土壤和种子冲蚀，为种子发芽和幼苗生长提供更为有利的条件，而把外来物覆盖在坪床上的一种措施。在灌溉条件良好、有喷灌设施时，可以不进行覆盖，但在斜坡地上或依靠天然降水的场合必须铺覆盖物。

好的覆盖材料要具有以下几种功能：

①使土壤和种子免受风和地表径流的侵蚀；

②调节土壤表层温度变化，保护已发芽的种子和幼苗不受温度急剧变化的伤害；

③减少土壤表层水分的蒸发，并提供土壤内或土壤表层较湿润的微环境；

④缓冲来自降水和灌溉下降水水滴的能量，以减少土壤表层结壳，从而使其具有较高的渗透率；

⑤夏季可起到遮阴作用，使表层土壤保持凉爽，在冬季覆盖可保温和减小冻融的影响。

并非所有的覆盖材料都具有上述各项功能，只是某些功能更好一些。具体选择覆盖材料时，要根据地点的特定要求、费用和能否就地取材而定。常有人用草帘作为覆盖材料用在建植草坪上，覆盖快速方便，可连续使用两三次，但比秸秆价格高，透光率一般较低。另外，还应密切监测草坪草的出苗情况，如揭开草帘的时间晚了，柔弱的幼苗会被强的太阳光灼伤或被热风损伤。

在诸如陡坡和排水沟这些关键的地方可通过放置麻布网来稳固坪床。由麻制成的麻袋片效果也非常好，但为了避免幼苗过分遮阴，在种子发芽后要把它们去掉。

在小型场地上，可用人工来铺秸秆和干草。在多风地区，可用绳网来稳固覆盖物。在大型场地上，通常要用专门的机械来完成铺覆盖材料的工作，这种机械可把覆盖材料剁碎并吹到坪床上。为了使坪床上覆盖材料更加稳固，在覆盖之后，还要把一种乳化沥青喷到覆盖材料上。对于松散的木质覆盖材料和有机残留物，也可采用上述同样的方法来进行固定。

5. 草坪的植后管理

草坪播种或栽植后，必要时应加覆盖材料，然后灌溉，使坪床充分湿透。除铺草皮法外，其他的无性建植法在灌水前应覆土，以防止草坪草脱水。同时频繁轻轻喷水，以防止草坪草干枯脱水，促进幼苗发育成长。在此期间应禁止践踏，等到草坪草完全覆盖地面成坪后才能够允许人员进入。

随着草坪草开始生长，为了确保草坪的正常生长发育，要加强包括修剪、施肥、灌溉、表层覆土和病虫、杂草的控制等管理措施。

（1）修剪。

依据草坪的种类和计划管理强度，新枝条至少长到 2 cm 或更高时再开始修剪。修剪高度即留茬高度，每次修剪时，剪掉的部分不能超过草坪草茎叶自然高度的 1/3，这就是草坪修剪必须遵守的 1/3 原则。

（2）施肥。

在某些情况下，为了使幼苗、枝条和匍匐茎能快速成坪，少量多次的施肥方法非常有效，也是非常重要的。每次施用少量的化肥，可确保氮素和其他营养物质的充分供应，又不会因施氮肥太多而直接损伤植株或者阻碍根的生长和侧枝的形成。对于出苗期草坪草，适宜的施用量大约是每亩 1.6 kg 速效氮肥或者每亩 3 kg 缓效氮肥。对于无性繁殖的草坪草，施用量可以大一些。第一次苗期施肥应在第一次剪草之前进行，它对补充幼苗根部表层土壤中的养分起到重要作用。

（3）灌溉。

对于刚播种或栽植的草坪，灌溉是一项重要的措施。无论降水是否充足，它都有利于种子和无性繁殖材料的扎根和发芽。水分供应不足是造成草坪建植失败的主要原因。随着新建草坪草的逐渐生长，灌溉次数应逐渐减少，强度也应逐渐加强。在建坪后期，土壤表层应足够干燥，这样才能承受住修剪、施肥等机具的质量。

随着灌溉次数的减少，土壤通气状况得到改善，当水分蒸发或排出时，空气进入土壤中。生长发育中和成熟的草坪植物根区都需要有较高的氧浓度，以利于呼吸。

（4）表层覆土。

并非所有的新建草坪都需要覆土。这项措施主要是用来促进具匍匐茎的草坪草的生长。覆土有利于根的发育和促进由匍匐茎长出的地上枝条的生长。

地表覆土施用土壤的质地应与草坪土壤的质地相同。否则，土壤会形成妨碍根区内空气、水和营养物质运动的分层现象。

由于土壤沉实深度不同，常造成草坪表面不平整，对草坪的使用和修剪质量产生不利影响。不断地覆土具有填充凹坑的效果。操作时要仔细，避免土壤过分地把植物组织盖住，从而使它们因得不到充足的光线而受到损伤。

（5）病虫及杂草的控制。

在新建植的草坪中，通常杂草是最大的问题。要确保草坪草种子、无性繁殖材料和覆盖材料中无杂草种子，这对建坪后杂草的控制是非常重要的。大部分除草剂对幼苗的毒性比对成熟草坪草的毒性大。某些除草剂能够抑制或减慢无性繁殖材料（包括草皮）的生长。因此，大部分除草剂要推迟到不得已时才能施用，以便留下充足的时间使草坪成坪。由于阔叶杂草幼苗期对除草剂比成熟的草敏感，使用正常量的一半就可以了。对于控制马唐草和其他夏季一年生杂草，施有机砷化物要推迟得更晚一些（二次修剪之后），并且也要施用正常量的一半。在新铺的草坪中，必须施用苗前除草剂来防治在春季和夏季出现于草坪卷之间缝隙中的马唐草。但是，为了避免抑制根系的生长，要等到种植后 3～4 周才能施用。如果有恶性多年生杂草出现，但不成片，在这些地方就要尽快地用草甘膦点施。如果蔓延范围直径达到 10～15 cm，就必须在这些地方重新播种。在亚热带气候下，用冷季型草坪草品种来覆播暖季型草坪草。

过于频繁地灌溉和太大的播种量会造成草坪群体密度太大，易引起病害。因而，控制灌溉次数和控制草坪群体密度可避免大部分苗期病害。在某些情况下，建议使用拌种处理过的种子。一般是用甲霜灵处理过的种子来控制枯萎病病害。当存在有利于诱发病害产生的条件时，可于草坪草萌发后施用农药来预防或抑制病害发生。

在新建草坪中，发生虫害的可能性不大。但是，蝼蛄常在幼苗期危害草坪。当这种昆虫处于活动期时，可把苗株连根拔起，或挖洞导致土壤干燥，甚至损毁草坪。蚂蚁的危害主要限于移走草坪种子，使蚁穴周围缺苗。减轻虫害常用的方法是播种后立即掩埋草种或撒毒饵驱赶。

第五章　高速公路管理模式的发展
——"一路三方"协作体系

第一节　高速公路"一路三方"协调机制建设

一、高速公路"一路三方"协作平台

高速公路的管理是一种特殊的"综合性服务"，它由管理机构通过多种管理方式，实现既能为消费者提供安全畅通的行车环境，又能保障高速公路投资者获得一定的经济效益与社会效益的管理目的。高速公路交通运行情况更加复杂，对管理机构的应急响应，统筹协作提出了更高的要求。

为加强对高速公路交通管理，道路三方即高速公路经营管理部门、高速公路交警和高速公路路政管理部门需从省级高速公路监控管理平台、高速公路经营管理平台以及路段管理处三个层面构建三方协作平台，高速公路经营管理部门负责高速公路的收费经营、养护、排障与运行监控；高速公路交警负责高速公路的治安管理、交通安全、交通秩序管理和交通事故处理；高速公路路政管理部门负责路政执法、运政管理与经营监督。根据管理需求确立协作目标，制定长效协调机制，总体上保障信息资源共享、协作管理常态化、应急同步响应。三方系统资源的建设需要统筹规划、共建共享，构建协作工作绩效考评体系，将三方协作作为职责与业务的重要组成部分。

二、高速公路"一路三方"分层职能

在省级高速公路监控管理平台层面，由省高速公路经营管理部门、省交巡警总队高速公路交通治安管理处、省高速公路路政总队统筹整合全省管理资源，实

现联网监控、协调管理、统一指挥。协商明确高速公路的系统管理建设目标，制定统一的管理规章以及信息系统建设、人力及管理资源配置规划。信息系统规划建设中注重共享，确保信息及时通畅，从三方职责和协作工作的需求出发对既有系统进行整体完善；在高速公路联网营运管理中心实行三方 24 h 联合值班监控，实现业务融合，确保信息及时共享，三方定期召开省级主管部门联席会议，及时根据需求调整高速联网协调管理方针；在高速公路的重大交通事故应急响应中协调三方行动，合理调配各路公司、路段资源，与省级政府其他相关部门以及邻省高速公路管理部门积极沟通，发挥系统响应的中枢作用。高速公路经营管理单位层面负责高速公路的收费经营、养护、排障与运行监控，须根据协作要求进行相应的资源配置，通过规章制度、业务规程以及考评体系的建设保障三方的高效协作。建立高速公路经营管理单位三方长效沟通机制，配置共享信息平台，保证全天候信息畅达，定期召开联席会议，落实省级层面联席会议精神，指导高速公路路段管理处的三方协作管理工作；协商制定高速公路经营管理规章制度，为三方协作的核心业务制定统一的流程规范，协作工作成效作为三方业务考评体系的重要组成部分，制定统一的评价指标与标准，为协作工作提供制度保障；根据管理职责分配资源建设任务，制定三方共建、共享、共管的长期管理发展规划；协商解决经营管理中的资源配置问题，保证系统资源的有效利用，避免重复建设。

　　路段管理处层面均须配置相应的组织管理机构以及运营管理、养护、排障、事故处置、路政运政执法以及应急救援必需的人力、物力资源，三方基层机构需定期召开三方联席会议，固定常规议程，及时协调日常业务中的合作问题，共同总结业务经验，完善高速公路应急救援中的三方协作预案，并向上级联席会议反馈管理需求；依托路段管理处的信息监控分中心建设联合值班平台，由监控中心管理人员、高速公路交警、路政执法人员共同全天候监控路网中高速公路运行状态，通过路网信息平台与省级联网中心、全路信息监控中心实时沟通，应急条件下尽快落实三方资源统筹调配；根据高速公路路段交通运行情况三方协商布设应急排障点，统筹配置应急救援人力与物力资源，在流量高峰或事故拥堵时实施联合巡查和动态布点，由三方共同制定巡查与布点预案。在高速公路路段运行监控、养护、交通安全保障、交通秩序维护以及违法违章行为查处中，三方统一业务要求，协调业务流程，通过操作规程的融合实现协调合作。高速公路的发展、建设完善的资源体系均需要三方的配合，保证各方职能的充分履行。在省级高速公路监控管理平台、高速公路经营管理平台以及路段管理处三级平台中均应通过组织机构的设置、人员配置、物力统筹以及业务规章、考评体系的建设来保障一路三方协同工作。

三、高速公路"一路三方"管理架构

由于国内各省高速公路的投融资体制、管理体系、经济发展水平、经营理念各有不同，采取的运营管理模式也多种多样。各省在相关法律、法规的要求下，结合本省经济发展、公路发展、体制改革的需要，通过不同的管理模式构建了适合实际的多高速公路管理体系，形成了多种模式并存的局面，而多种模式间也有很多交叉和相容的部分。按权利权限划分，高速公路的管理一般可分为集中管理型和专线管理型两大类。按机构性质划分，可分为事业管理型、企业管理型和事业单位企业化管理型。按管理内容划分，就体系的管理范围而言，高速公路的管理分为建管一体型和专门管理型。

如图 5-1 所示，政府主导下的国资委针对国有资产进行管理，专业化集中建设和"投资、建设、运营、管理"相分离的相互约束、制衡的模式，能有效发挥政府主导下的内部专业化分工，统一领导，各司其职的优势，并有效地提高了高速公路建设管理体系的运行效率。

高速公路交通管理方面，多采用"一路双管"的体系，一条高速公路分别由交巡警、高速公路路政双方负责交通执法管理。这种管理模式下，公安部门成立高速公路交警大队，负责高速公路的治安管理、交通安全、交通秩序管理和交通事故处理。交通部门高速公路路政人员负责路政和路产路权的维护。公安、交通部门各自设立交通管理机构，交警、路政人员各自单一执法。高速公路公司及其下设各地管理处负责道路清障、救援和交通信息发布等。省政府其他有关部门和高速公路沿线地方政府按照各自的职责做好高速公路相关工作。

四、高速公路日常监控与管理

三方基于建设完善的监控平台联合值班，24 h 监控高速公路运行状态。各级

监控中心之间、监控中心与各相关单位、监控中心与三方执法、清障、巡查人员之间保证信息的及时有效沟通，面对恶劣天气和大流量交通等不利情况，三方联合巡查，动态布控，利用信息系统实时监测沿线天气情况。在雾、雨、雪、冰等恶劣天气条件下，通过巡查监测能见度、车流量等情况，及时发现和处置交通事故现场，严防发生次生交通事故；根据恶劣天气相应级别由三方协商确定必要的交通管理措施，通过设置绕行提示标志、电子显示屏或可变情报板、交通广播等方式发布提示信息，按照交通应急管理预案进行分流；饱和流状态下、节假日免费通行等高峰时段，交警路政应协助高速公路经营管理单位维护收费站交通秩序，车辆保障通行和交通安全。

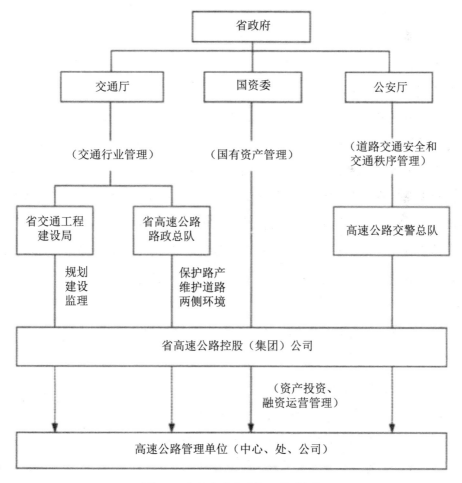

图 5-1　省级高速公路管理体系框架

交警部门应协助高速公路经营管理单位做好服务区交通组织，维护交通秩序，及时查处服务区超速、违章停车等行为。高速公路经营管理单位的工程部门在设置标志标线等管理设施时，应与交警部门协商确定设置方案，在符合国家相关规范的前提下，依据管理经验保证交通标志的视认性和信息传达准确性，通过标线设置减少交通冲突，保障安全，对交通安全不利的标志标线应及时调整更换。道路养护施工计划和安排需在三方协作平台上进行共享，交警、路政管理部门借助信息平台对施工计划和现场布置方案进行预审。对于空间范围大、时间较长的养护施工工作，交警应到现场进行监督巡查，有效疏导交通。

在日常管理和应急处置中，高速公路公司与交警部门应积极配合路政部门查处违法行为，维护路产路权，查处超限车辆，保障设施的完善和交通运行的安全，并配合交警对"两客一危"车辆的监督和违规查处，在收费站、服务区等关键节点重点巡查，禁止违规车辆上路。在节假日、大流量或交通拥堵情况下，禁止危化品车辆上路，可由交警部门进行省际联合执法，保证源头管理、全程可控。

在事故处理和日常巡查中，高速公路公司应配合交警、路政对违法、违章交通行为进行查处，共同维护高速公路交通秩序，消除事故隐患，严查超载、超速、疲劳驾驶车辆；通过监控措施查处分流区连续变道、停车、倒车等可能引起高速公路重大事故的违法行为；通过视频监控、三方联合巡查、抓拍并处罚违规车辆牌照等措施查处占用应急车道行驶的车辆，确保高速公路的畅通。

节假日大流量条件下交警、路政与排障部门应整合资源，联合布控，动态巡查，实时密切监控交通运行状态，交通事件发生后及时接警处置。

第二节 高速公路"一路三方"应急响应与处置

一、高速公路应急救援时间进程

高速公路紧急事件救援时间进程由事件信息采集、事件响应、事件现场管理、事件过程中交通控制与管理、恢复交通五个过程所组成，如图5-2所示。

在高速公路实际救援中，进程各阶段在时间上并非严格的先后顺序关系，部分阶段相互交叉。

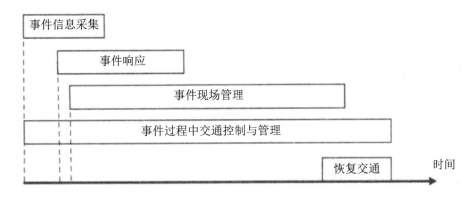

图 5-2　高速公路紧急事件救援过程的时间进程

（一）事件信息采集

事件信息主要是从以下渠道获取：高速公路沿线紧急电话、110 报警电话、高速公路紧急救助和咨询服务电话、交警巡逻报告、路政巡逻报告、养护机构报告、部分路段（主要是匝道附近）视频监视图像、直拨指挥调度中心的电话等。信息采集方式及互馈机制体现了路公司（指挥调度中心）与总公司、110 与路公司之间的协作程度。

（二）事件响应过程

紧急联动的相关部门应快速启动各部门应急方案，各部门立即实施高速公路事件的救援过程。高速公路运营部门快速组织建成异常事件处理协调指挥领导小组（包括指挥调度组和现场指挥组），指挥调度组设置在指挥中心，职责是公布调度指令并且和三个部门或小组应急救援指挥中心、上级主要管理部门、邻近道路指挥调度组保持联系；现场指挥组紧急赶往交通事件现场，实施救援工作以及与处于调度指挥中心的指挥调度组沟通协调。

响应部门包含养护、收费站和服务区、交警巡警、路政、消防、排障、救护。各级单位按照各自任务完成来自调度指挥信息中心的指示，并且迅速投入应急救援的处理工作。交警巡警大队、路政大队于接到指示后第一时间到达事故发生点，确保安全保障措施并做好现场保护和交通疏导工作，做好事故处理的现场指挥工作，并将事故现场的具体情形反馈给指挥调度信息中心，提出有针对性的建议以解决封闭交通和借道车辆的分流、除障和养护工作。除障组、养护组需要即刻做好出车准备，除障和养护力量应该即刻出动赶赴现场。在必要的情况下，锥筒等安全标志应该由除障组运至现场。管制准备工作也应该在一些收费站和服务区展开。

（三）事件现场管理过程

为加强交通事故处置工作的协调，成立交通事故接警处置指挥领导小组，下设指挥调度组和现场指挥组。现场指挥组设在事故现场，组长为事故现场交巡警负责人，副组长为事故现场路政、排障、养护负责人。根据事故严重程度和处置的需要，领导小组组长到达现场作为现场的第一指挥人。当消防人员到达现场时，所有现场人员需听从消防负责人的指挥。

（四）事件的交通控制和管理过程

指挥调度组负责指挥调度中心的交通控制与管理，与事故现场指挥组保持联系。指挥调度中心发布事故信息，并采取各种控制管理手段。

（五）恢复交通过程

交通事故处理结果应在排除障碍和养护工作结束后报告调度指挥信息中心。交通事故现场的相关事项处理完毕后，由交警将事故处理结果报告调度指挥信息中心。事故处理结果送达指挥中心之后，发布恢复交通的信息，完成事故记录，调度指挥信息中心把交通事故结果和解除封路信息报告省级高速公路应急救援办公室。

二、高速公路紧急救援组织体系构建

为实现高速公路紧急突发事件的应急处置需求，需构建省域层面的高速公路紧急救援组织体系，形成责任明确，信息畅通、运转高效的指挥组织机制。

高速公路紧急救援组织体系包括四个层次：领导机构、办事机构、工作机构、专家组，相应的组织机构、工作职责与相互关系阐述如下。

（一）领导机构

省域高速公路紧急救援管理工作由省政府设立的省高速公路紧急救援指挥中心负责，作为省域高速公路紧急救援管理工作的领导指挥机构，统一领导全省高速公路紧急救援的管理处置工作，即能够统一领导交通运营、调度指挥信息中心、交警、路政、医疗和消防等相关救援单位。中心主任为省政府相关领导，交通、交警、路政等相关救援部门主要领导担任副主任。同时，省高速公路紧急救援指挥中心可以作为全省交通突发公共事件紧急指挥体系的重要组成部分。

（二）办事机构

省高速公路紧急救援指挥中心下设省高速公路紧急救援管理办公室，作为日常办事机构。办公室的主要职责是：履行应急值守、信息汇总和综合协调职责；负责接收和办理向紧急救援指挥中心和上级领导机构报送的紧急事项；承办省高速公路紧急救援管理的专题会议，督促落实有关决定事项；指导全省高速公路紧急救援体系、救援信息平台建设；组织审核专项紧急预案，指导紧急预案体系建设；协调特别重大、重大突发紧急事件的预防预警、紧急演练、紧急处置、调查评估、信息发布、紧急保障和宣传培训等工作。

（三）工作机构

根据高速公路交通紧急救援的管理特点，设立各个高速公路紧急救援指挥分中心，分别负责管辖范围内高速公路紧急事件的救援管理工作。

高速公路交通运营管理公司、高速公路交巡警和路政组成三方联动协调指挥小组，具体负责对辖区内高速公路重特大交通事故采取管制措施和快速联动处置交通事故等紧急事件进行协调指挥。

指挥小组组成人员如下。组长：公司总经理；副组长：公司副总经理；成员：公司机关各部门经理、路政支队负责人、指挥调度中心主任、各交巡警大队大队长、各路政大队大队长、各排障大队大队长、各养护工区主任、各收费站站长、各服务区主任。

指挥小组下设指挥调度组和现场指挥组，组成人员如下。

1. 指挥调度组设在救援指挥调度中心

组长：指挥调度中心主任。

副组长：公司机关值班经理、路政支队值班领导。

组员：指挥调度中心值班管理员、调度员。

指挥调度组的主要职责是负责各个救援机构及人员的联络、调配、责任分工，综合观察紧急事件的救援形势，提供参考决策。

2. 现场指挥组设在事故现场

组长：事故现场交巡警负责人。

副组长：事故现场路政、排障、养护负责人。

组员：事故处理现场所有工作人员。

现场指挥组的主要职责是按照各个相关专项救援预案的要求，配合各级紧急救援机构开展紧急救援与紧急处理；结合工作实际，切实加强对预案的管理，不断加以充实和完善。

（四）专家组

省高速公路紧急救援指挥中心聘请有关交通安全与紧急救援专家，组成省高速公路紧急救援专家库，其成员主要为交通安全与救援、交通控制与管理、危化品处置等专家，为紧急救援系统建设和紧急救援过程提供决策建议，必要时参加高速公路突发紧急事件的紧急处置工作。

在组织机制保障的基础上，还应结合信息采集与监控系统、联动巡查、救援点等，有效地整合系统间的资源集成性，提出以下高速公路紧急救援保障体系方案，如图 5-3 所示。

为了使高速公路紧急救援保障体系方案能够连贯、高效地运作，应注意明确救援工作的主管部门，并建立专门的救援队伍，研究救援理论，协调各方面的关系，同时加大力量配置专用设备；高速公路紧急救援体系的中心是一支具备快速反应能力、救援破拆设备齐全的专业队伍，因此救援破拆设备是否齐全也会影响救援工作的进度和效果；交通安全巡警需要进行必要的安全事故救护培训，并在巡逻车上装备一定的医疗急救药品、器件，以及破拆工具，与匝道出入口附近的医院建立联系，设立急救服务项目，由公安与公路部门给予适当补助；合理安排昼夜路面巡逻车值班间隔，特别是事故多发地段的巡逻，加强利用监控设备的监视及维护，以及对驾驶员进行事故自救、互救的宣传培训。

三、高速公路多部门协调应急预案制定

针对可能发生的灾害或重大事件，为保证事故发生后能够迅速、有序、有效地开展应急救援行动，需制定应急预案把人员伤亡和事故损失降至最低限度。

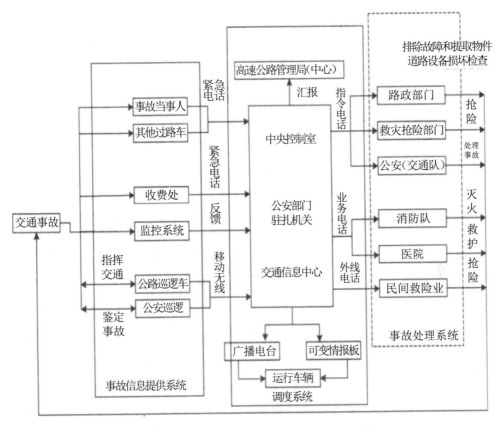

图 5-3　高速公路应急救援保障体系

根据突发事件时间轴线，可将应急预案分为预警、准备、应急处理、评估恢复这四个阶段。以这四个阶段为基础建立应急预案。应急预案的分类有多种方法，国内按行政区域进行划分，据《公安部关于印发〈高速公路应急管理程序规定〉的通知》，公安部制定一级响应应急预案，省级公安机关制定二级和三级响应应急预案，地级市公安机关制定四级响应应急预案。

道路交通中断 24 h 以上，造成车辆滞留严重影响相邻三个以上省（自治区、直辖市）高速公路通行的为一级响应；道路交通中断 24 h 以上，造成车辆滞留涉及相邻两个以上省（自治区、直辖市）高速公路通行的为二级响应；道路交通中断 24 h 以上，造成车辆滞留影响省（自治区、直辖市）内相邻三个以上地市辖区高速公路通行的为三级响应；道路交通中断 12 h 以上，造成车辆滞留影响两个以上地市辖区内高速公路通行的为四级响应。

（一）重特大交通事故下的应急预案

根据突发事件分级，3 辆以下车辆肇事，一次造成死亡 1～2 人或重伤 3～10 人的交通事故称为重大交通事故。死亡 3 人以上或重伤 10 人以上，或死亡 1 人同时重伤 8 人以上，或死亡 2 人重伤 5 人以上的事故，或 5 辆以上多车相撞造成群死群伤的事故称为特大交通事故。

发生重特大交通事故时，超过一条的路段受该事故影响，在高速公路路段上产生较为严重的交通拥挤，路网内的交通流必须重新分配以减少拥挤。为了在路网内进行合理分流，应制定省域路网应急救援预案。

1. 高速公路路段重特大交通事故救援流程

重特大事故下的应急救援需进行事件检测与确认，高速公路路段设置的检测系统检测到交通事故后，将事件信息上传到交通管理或监控中心，中心立即确认异常事件发生是否属实，如果事件确实发生，监控中心立即对事件发生地点、严重程度进行预估，判断事故清除时间和事故影响范围，同时启动紧急救援预案；并及时发布事件信息，监控中心确定分流方案，发布事件信息及分流信息给上游的后续车辆，在限速标志上给出限速信息，如果属重特大事故还应对外发布事故及控制信息；路政、排障、养护、交警等按照制定的紧急救援方案实施现场管理，维护现场秩序，防止交通拥挤或二次事故的发生，排障大队、养护大队应在现场配合交警、路政人员的工作，待勘查结束后迅速开展清障作业，以便及早恢复正常交通。

2. 路网内重特大交通事故的应急救援预案

当高速公路的外场检测设备检测到异常情况时，路政人员立即到现场进行确认，如果确实发生重特大事件，立即通知路段监控中心，路段监控中心值班人员应在 5 min 内向值班领导、安全质量部、值班经理及中心领导汇报，并请领导指示。监控中心立即启动应急预案，同时将事件情况及处理预案汇报到省域路网调度总中心，如果事件影响到相邻路段，应将预案通知相关路段监控中心，协助进行紧急救援；交警大队在接警后立即赶赴现场（一般不超过 20 min），到达现场后立即做好安全保障措施并保护现场、疏导交通，对整个事故处理进行现场指挥，同时向指挥监控中心反馈事故现场详细情况，并对封闭交通与借道排障、养护等作业提出建议。当交通堵塞严重时，路政人员应向交警通知监控中心在相应的收费站出入口开辟紧急通道，确保现场指挥抢险、救护车辆的通行，并通知备勤班组做好支援准备随时调用。如果是巡查人员发现事故，应立即将事故基本情况上报监控中心和交警大队值班室；由监控中心确定分流方案，发布事故信息及分流信息给上游的后续车辆，并在限速标志上给出限速信息，如果属重特大事故还应对外发布事故及控制信息。当事故地点不封闭交通时，监控中心人员应在事故路段发生车道上游的第一块可变情报板上发布"前方××km处发生交通事故，谨慎驾驶，减速慢行"。若该可变情报板距离事故现场小于2 km，必须同时在沿逆行方向的第二块可变情报板上发布相应的信息，同时在可变限速标志上显示相应限速值。在交警和排障人员未到时，路政人员应立即在交通事故前方至少1 000 m摆放"注意危险"或"前方事故"标志，在800 m左右设置限速标志，若开放单车道，限速值为80 km/h，开放双车道，限速值为70 km/h，开放三车道，限速值为60 km/h，若限速值与85%位车速值相较大，则可以在200 m、400 m处设置限速标志进行分段限速，并保持速度限制的流畅性。

排障大队、养护大队应在接警后立即做好出车的准备，并按要求及时出动相应的排障、养护力量赶赴现场。必要时排障大队根据实际需要运送锥筒等安全标志到事故现场；交警大队、路政大队、排障大队值班领导必须亲临现场指挥作业。如发生多车追尾事故，路政大队、排障大队除留守值班人员外应全员到场。如有人员伤亡，监控中心值班监控员立即将事故信息通知最近的120急救中心，请求支援，同时做好记录；监控中心值班监控员立即将事故信息分别向监控中心值班经理、指挥监控中心主任、路政支队负责人、高速公路管理公司领导汇报，并做好记录；监控中心值班监控员、指挥监控中心主任、值班经理、路政支队负责人接报后立即赶赴监控中心指挥调度，指挥监控中心主任根据情况，会同现场指挥决定是否需要封闭交通，并将事故及现场处置情况向领导小组组长汇报。领导小组组长接报后应立即赶赴现场指挥。

若发生事故造成路段堵塞确需局部封闭交通（原则上不封闭交通）或借道行驶，监控中心值班监控员立即按相关规定步骤指导有关单位实施分流或借道行驶，在做出封路决定后，应在10 min内将有关情况上报省域路网调度总中心；实施交通分流或借道行驶时，路政、排障、养护作业人员要按相应预案的要求，在交警的指挥下设置各种警示引导标志、打开中央分隔带完成分流或借道程序，必要时收费站、服务区按要求给予配合。

排障大队、养护工区在事故处理过程中，应积极配合交警、路政人员进行现场勘察、维持交通秩序、确保救援车辆畅通，待勘查结束后迅速开展清障作业，养护工区应在不影响其他部门正常作业的同时，及时清理事故现场；养护、清障作业完成后应将事故处置情况通报监控中心；事故现场处理工作全部完成后，应在 10 min 内填报重特大事故上报表，上报大队值班室。交警应将任务完成的信息通报指挥监控中心。

指挥监控中心接到处置完成的汇报后，信息发布恢复正常，做好记录，立即将事故的处理结果及解除局部封路措施向省域路网调度总中心汇报，并在最短的时间内以书面形式向安全质量部门通报。事故若造成路产损失的，路政人员应依法进行现场勘验、调查取证等相关工作，如实收缴路产损失补（赔）偿费。

（二）恶劣天气下的应急救援预案

恶劣天气是导致高速公路交通事故、道路拥挤和路产损坏的主要原因，对于高速公路的影响更加显著。因此，及时准确地采集气象信息，科学正确地分析判断和快速有效地下达交通控制指令，是减少事故、保障畅通、保护路产、提高高速公路运营效率的必要措施。

1.高速公路各种恶劣天气下救援流程

当路网中出现恶劣天气后，路网内设置的检测系统检测到恶劣天气后，将恶劣天气信息上传到交通管理或监控中心，中心立即确认恶劣天气发生是否属实；如果恶劣天气确实发生，监控中心立即对恶劣天气发生地点、严重程度进行预估，判断恶劣天气持续时间和影响范围，同时启动紧急救援预案；确定分流方案，发布恶劣天气信息及分流信息给上游的后续车辆，并在限速标志上给出限速信息，如果恶劣天气影响到路网还应对外发布诱导及控制信息；路政、排障、养护、交警等按照制定的紧急救援方案实施现场管理，维护现场秩序，防止交通拥挤或二次事故的发生；排障大队、养护大队应在现场配合交警、路政人员的工作，待勘查结束后迅速开展清障作业，以便尽早恢复正常交通。

2. 高速公路各种恶劣天气下的救援预案

根据突发事件的管制情况，可将恶劣天气引起的突发事件分为四级，能见度在 100 m 以上、200 m 以下，实行三级管制；能见度在 50 m 以上、100 m 以下，坡道、弯道等路桥面有积雪尚未结冰时，实行二级管制；能见度在 30 m 以上、50 m 以下，路（桥）面部分路段结冰，不能保障车辆安全通行时，实行一级管制；能见度不足 30 m，当路（桥）面全线结冰，不能保障车辆安全通行时，实行特级管制。对各级别恶劣天气突发事件制定相应的救援预案。

（1）一级救援预案（特级和一级恶劣天气）。

当高速公路的外场检测设备检测到异常情况时，路政人员立即到现场进行确认；如果确实发生特级和一级恶劣天气，极易造成大范围拥挤或严重交通事故，影响到局部或整个路网的行车安全，应立即由交警、路政部门确认是否需要实行某一路段或路段的某一侧封闭分流，监控中心值班人员应在 5 min 内向值班领导、安全质量部、值班经理及中心和公司领导汇报，并请领导指示，经领导确认同意封闭分流后方可封闭分流；监控中心值班人员同时将恶劣天气情况及处理预案汇报到省域路网调度总中心，由路网调度中心统一安排、协调路网内的各路段监控中心，协助进行救援；监控中心采取分流方案，发布恶劣天气信息及分流信息给路段上游的后续车辆，并在限速标志上给出限速信息，如果恶劣天气范围较大还应对外发布诱导及控制信息，发布信息的范围根据分流方案的范围确定。所有受影响路段的监控中心值班人员应立即通知交警、路政部门，交警、路政部门接通知后，立即安排车辆上路巡查，做好交通疏导工作，并随时向指挥监控中心反馈信息，同时在相关收费站点、路段指导做好道路封闭分流工作。路网内必须关闭某车道时，应在该路段两端的收费站入口处设置绕行标志牌；在收费站出口上游的可变情报板上显示路段封闭提醒，提醒司机由此驶出高速，并在相应位置设好安全诱导标志。在出口上游 2 km 处，设置"前方 2 km 处，车道关闭"的信息标志牌，并设置 30 km/h 的限速标志。路网内的路段关闭后，该路段监控中心将路段关闭信息汇报至路网调度中心，路网调度中心应在可能使用该路段的所有路径上的相关可变情报板上，显示路段关闭信息，提示司机注意，提早分流或绕行。所有封闭路段的路政人员都应对封闭路段内发生的事故及时处理、抢救伤员、清理事故车辆、做好清障工作。在封闭路段两端的收费站出口处与交警共同指挥车辆绕行。

如果受影响的路段内出现交通事故，交警应及时到场处理事故、指挥交通，确保交通安全，预防二次事故的发生。所有关闭路段内的收费站应在接到路段监控中心或省域路网调度总中心领导的指示后，关闭所有入口匝道。关闭路段内的各收费站应在入口上游的信息标志牌上显示车道关闭情况，并指出绕行路线，关闭路段两端的高速入口收费站应为因关闭车道而被迫绕行司机指明绕行路线；路网内的封闭路段，养护人员应及时展开维修、抢通工作，需要相邻路段监控中心或省域路网调度总中心支援时，应及时向本路段监控中心的领导请示。同时受影响路段的监控中心值班人员立即通知排障大队、120急救等部门做好各项准备工作，随时待命出发。

（2）二级救援预案（二级恶劣天气）。

当高速公路的外场检测设备检测到二级恶劣天气出现时，路政人员立即到现场进行确认；如果确实发生恶劣天气，且程度较为严重，易造成较大范围拥挤或发生交通事故，路况差、行车环境恶劣，车流行驶缓慢，可能影响到局部或整个路网的行车安全时，监控中心值班人员应在5 min内向值班领导、安全质量部、值班经理及中心和公司领导汇报，并请领导指示；监控中心值班人员同时将恶劣天气情况及处理预案汇报到省域路网调度总中心，由路网调度中心统一安排、协调路网内的各路段监控中心，协助进行救援。所有受影响路段的监控中心值班人员应立即通知交警、路政部门，交警、路政部门接到通知后，立即安排车辆上路巡查，做好交通疏导工作，并随时向指挥监控中心反馈信息，同时在相关收费站点、路段指导做好诱导分流工作。

受影响路段的监控中心值班人员向路政、养护及各收费站通报拥挤路段位置及拥挤程度，同时请交警上路进行支援。受影响路段的路政、养护等部门在接到通知后尽快赶到现场；监控中心采取群体诱导策略的方法确定分流方案，发布绕行和限速信息。发布信息的范围根据分流方案的范围确定。

高速公路入口收费站的上游应设置提示司机安全驾驶的信息牌，显示前方路段的路况；在路段监控中心领导批准后，关闭部分入口匝道，并控制匝道调节率每辆车大于 3 s；如果收费站入口处车流排队过长，还应该给出引导分流的信息；受影响路段的路政人员到达现场后，应立即抢救伤亡人员，把伤员及时送到附近有抢救能力的医院。根据实际情况，在情况异常路段前 1 km 处设置 30 km/h 的限速标志牌。

对于路网内的拥挤路段，养护人员应及时展开维修、抢通工作，争取在 12 h 内恢复通畅。需要相邻路段监控中心或省域路网调度总中心的支援时，应及时向本路段监控中心的领导请示。如果受影响的路段内出现交通事故，则交警应即时到场处理事故、指挥交通，确保交通安全，预防二次事故的发生。受影响路段的监控中心值班人员立即通知排障大队、120 急救等部门做好各项准备工作，随时待命出发。

（3）三级救援预案（三级恶劣天气）。

当高速公路外场检测设备检测到三级恶劣天气出现时，路政人员立即到现场进行确认；如果确实发生恶劣天气，但程度较轻，路况较差，车流行驶不畅，可能影响到局部或整个路网的行车安全，监控中心值班人员应在 5 min 内向值班领导、安全质量部、值班经理及中心和公司领导汇报，并请领导指示；同时将恶劣天气情况及处理预案汇报到省域路网调度总中心，必要时由路网调度中心统一安排、协调路网内的各路段监控中心，协助进行救援；征得领导同意后，在异常路段上游的可变情报板上显示警告信息提醒司机注意前方路况，并在可变限速标志牌上显示 60 km/h 的限速信息。发布信息的范围根据群体诱导策略模型计算确定。受影响路段内的收费站入口处，应设置警示信息牌，提醒司机前方路段路况异常并给出限速值，保证行车安全。

受影响路段的监控中心值班人员向路政、养护及相关收费站通报出现异常情况的路段及目前路况，以便尽快赶到现场，并请交警协助维护正常的交通秩序；路政人员应在情况异常路段增加巡逻次数，并用车载广播提醒驾驶人员注意安全，车速不得超过 60 km/h，严禁随便停车。对故障车辆及时清障，如有伤员，应及时救护；养护人员应采取相应措施确保异常路段路况良好，并在异常路段区域内每隔2 km设置警示信息牌或临时限速标志牌。

第三节 高速公路"一路三方"协调管理措施保障

为加强高速公路"一路三方"的协作,可针对三方制订综合考核指标,对安全、通畅、节能、机构运行等指标分路段进行整体考核,促进一路三方为共同的目标而努力。量化体系主要内容有以下几点。

一、服务质量评价

通过建立优质高效的高速公路营运管理量化体系,为多个管理部门树立一致的工作目标。以高速公路的运行状态、交通事故率、应急处置效率评价等作为核心指标,根据"一路三方"岗位职责,以统一协作效果作为评价依据,由三方的上级主管部门协调制定服务质量考评标准,从管理目标的角度协调三方管理工作。

二、业务流程规范化

进行组织结构创新,建立在定量化管理基础上的定岗、定编、定责。在分配部门职责时,首先按业务流程,将基本业务职责模块化,考虑业务的关联程度,把关联程度高的业务聚类,进行三方联合办公、联席决策。然后考虑各部门管理幅度的差异,以及工作流程相互制衡的要求,对岗位职责进行进一步整合,以达到岗位职责明晰、工作量均衡、衔接有序和高效运作的目的。

三、合理人员编制

建议采用人员编制定量化方法,按照组织结构、管理层次和层次之间的命令链接把人员的职位分解为不同的责任档次,在对三方不同职位的每一岗位的工作量进行科学统计和分析的基础上,确定完成岗位工作的最佳人数编制。另外,可通过业务外包、后勤社会化和鼓励员工一专多能等方式进一步精减人员编制。由于高速公路流量大,安全保畅压力大,各段情况不同,建议对沿线各大队高速交警工作任务和工作量进行核算,根据工作任务重新分配安排各路段交警人数,提高人员安排的科学性和工作效率。

四、考核评比制度化

为促进高速公路高效规范化运作，可对各管理处、收费站、服务区、交警、路政大队等进行严格的量化考核，并根据考核结果实行奖优罚劣。考核资料全部来自日常交通运行统计数据。考核方式公开透明，对评分计算方法进行标准化处理，使考核结果可以作为横向比较的奖惩依据。考核制度化，形成持续的激励约束机制。

参 考 文 献

[1] 蔡权慧.高速公路联网收费系统网络安全浅析 [J].中国交通信息化,2020（4）：34-35,103.

[2] 邓树森,汤俊杰,许建腾.高速公路路面检测与养护研究 [M].北京：北京工业大学出版社,2020.

[3] 过秀成,孔德文.多车道高速公路交通特性及运行管理方法 [M].南京：东南大学出版社,2020.

[4] 浙江交工集团股份有限公司.高速公路建设管理指南 [M].北京：人民交通出版社,2020.

[5] 贺伟,卢俊杰,张剑锋.高速公路施工与养护管理 [M].北京：中国石化出版社,2023.

[6] 贾存兴.绿色理念指导下高速公路建设管理实现的路径 [J].工程建设与设计,2019（16）：219-220,280.

[7] 贾伦林,狄小峰,徐立红.智慧高速公路关键技术与实践 [M].北京：人民交通出版社,2020.

[8] 江孔顺.高速公路机电工程联网收费系统网络安全 [J].电子技术与软件工程,2019（18）：203-204.

[9] 李伯殿,卢勇,饶和根,等.高速公路智慧管理与控制关键技术 [M].北京：人民交通出版社,2020.

[10] 李东辰,崔永成,刘茂灯.高速公路项目建设管理 [M].长春：吉林科学技术出版社,2022.

[11] 梁剑娴,唐玉斌.简析高速公路收费管理中大数据分析的运用 [J].交通科技与管理,2021（2）：7,12.

[12] 刘永，王勇．高速公路应急管理与决策方法研究 [M]．北京：光明日报出版社，2023．

[13] 马书红，王元庆，岳敏，等．高速公路建设管理现代化理论研究与实践探索 [J]．公路交通科技，2022，39（12）：239-246．

[14] 任宝，孔德超，唐茗．高速公路养护与灾害防治 [M]．长春：吉林科学技术出版社，2020．

[15] 宋志栋．高速公路收费站管理模式与创新服务 [J]．经营者，2021，35（7）：38-39．

[16] 唐毅．高速公路大数据建设与应用的现状、痛点及思考 [J]．中国交通信息化，2020（6）：18-23．

[17] 唐勇，陈垦，宋向辉．智慧高速公路应用服务创新与实践 [M]．北京：人民交通出版社，2023．

[18] 谢长实．我国高速公路收费管理存在的主要问题及对策 [J]．现代企业文化，2020（15）：101．

[19] 许春杨，李欢．基于大数据技术的智能高速公路系统应用 [J]．电子技术与软件工程，2020（15）：177-178．

[20] 杨仁图，钟永华，王水声．高速公路沥青路面设计与检测研究 [M]．北京：北京工业大学出版社，2022．

[21] 唐学弈，朱诚宗，范成发．高速公路收费站无人值守发卡运营管理模式研究 [J]．西部交通科技，2010（9）：60-62．

[22] 尹蕾．高速公路联网收费管理模式与技术分析 [J]．现代企业文化，2021（36）：20-21．